シリーズ　総合人間学 1

総合人間学の試み

新しい人間学に向けて

小林 直樹〔編〕

学文社

執筆者一覧

＊小林　直樹	東京大学名誉教授	憲法学	［序章，第9章，終章］
小原　秀雄	女子栄養大学名誉教授	動物学	［第1章］
小尾　信彌	東京大学名誉教授	宇宙物理学	［第2章］
長野　敬	自治医科大学名誉教授	生命科学	［第3章］
江原　昭善	京都大学名誉教授	人類学	［第4章］
坂本　百大	青山学院大学名誉教授	哲学	［第5章］
井上　英治	（上智大学）	哲学	［第6章］
小川　一乗	元大谷大学学長	仏教学	［第7章］
半谷　高久	都立大学名誉教授	地球化学	［第8章］
佐藤　節子	青山学院大学名誉教授	法哲学	［第10章］
尾関　周二	東京農工大学教授	哲学	［第11章］
暉峻　淑子	埼玉大学名誉教授	経済学	［第12章］
大石　芳野	フォトジャーナリスト		［第13章］

（執筆順／＊印は本書編者）

はじめに

私ども有志は、二〇〇二年から足掛け五年にわたり、総合的な人間学の共同研究を重ねた結果、二〇〇六年五月に総合人間学会を発足させた。この学会の志向と趣旨は、同年一月、各方面に向けて発したアピール文に明示されているので、その再確認と広告を兼ねて、（口語文を文語体に直した形で）以下に再録することにする。

総合人間学に向けて

私どもはこの三十余年、日本社会の片隅で、地道に人間研究を重ねてきた。その結果、私どもは総合的人間学の必要と、そのための各学問分野における指導的諸学者の参加による大きなシンポジウムの場をつくる必要を痛感した。以下にその理由と併せて、斯学に関心をもっておられる諸兄姉のご理解と参加を強く期待し、ここにお誘いのアピールをする次第である。

二〇〇六年一月

総合人間学会設立準備委員会

現代の人類は、高度の物質文明を発展させながら、向うべき目標を見失い、自らつくり出したカオスの中に、当てもなく、さまよっている感がある。——諸国家は自らの国益追求にのめりこみ、「人類益」など眼中になく、諸個人もまた目前の利益を追って、倫理なきマンモニズム（拝金主義）を世界中にはびこらせている。その結果、人類はいたるところで自らの生存基盤であるエコシステムを破壊し、自らの墓穴を掘りつつある。人類はまた、大量の破壊兵器を作り、非人道的な殺傷をくりかえして、他の生物には見られない残酷な同種間殺戮を大規模に行っている。

さらに現代人は、急速に発達したバイオテクノロジーを使って、これまでは「神の領域」とされていた遺伝子操作を行い、クローン人間まで作りかねない状態にある。他面で現代人は、飛躍的にすすんだ情報機器と情報システムを駆使して、かつてない便宜を享受しながら、それらの道具にふりまわされて自己を見失い、新しい犯罪や複雑な人間関係に悩まされている。

こうした状況に加えて、人類は地上の覇者として地球の表面をほとんど占有・支配しながら、人口を激増させて、食料・水・土地・森林・石油などの資源を浪費し、それらの欠乏から、危険な〝資源競争〟をまねき、難民を大量に発生させ、グローバルな社会的緊張や混乱を招来してきた。こうした例は、数えあげればきりがない。これらの「世界問題」は、現代の人類をこれまでにない重大なターニングポイントに立たせている。しかもこうした世界問題は、本格的な解決を図らなければ、人類と文明を危うくすることが確実であるのに、その解決への方途も、共同作業もはなはだ遅れている。今日における世界の閉塞状況の根源は、まさにこのような人間の矛盾した生きざまにあるといえよう。

ところで、上例の諸問題にはそれぞれに特有の原因が考えられるが、その奥には共通の原因として、人間の欲望と意志と活動があって、これらの問題はすべて人間の「身から出た錆」と言わざるをえない。したがって、今日のグローバルな難局に対処するには、人間というものの真摯な自己認識と反省が不可欠といえよう。現代人の直面する文明の矛盾は、ほかならぬ人間の自己疎外に根ざしているといっても過言ではないと思われる。〝汝自らを知れ〟という古代ギリシャの神殿の託宣は、今日にあっては、総合的な人間学の要請となっていると、私どもは考える。

なお、「自らを知る」という課題は、上記のような文明論との問題にとどまらず、物事を考えるすべての人々の生き方に関わる問題である。人間として地上に生を享けた私たちは、「自分がどこから来てどこへ行く存在であるか、人間たる自分は何者であり、どう生きるべきか」を考えないでいられない。自分とは何かを考えないで、単なる生物として暮らすのでは、人間として生まれた価値は得られないであろう。ところが、生活が複雑になり、人々が日々の多忙な生活に追われている現代では、大方の人々は過剰な情報や仕事や目前の雑事の中に埋没し、自らを省みて「生きる」ことの意味を深く考える時間ももたない。これも、現代人が当面している非常なパラドックスであり、一種の疎外現象である。

こうした状況のなかで、人間を全体として見直し、文明のありようを根底から再検討するために、現代の科学と哲学の精華を集め、自由で心ゆたかな共同討議の場をつくろうではないか――私どもはこのように考えて、新しい人間学の創造を識者に訴え、本格的な共同研究を始めたいと念願している。いうまでもなくこれは、きわめて困難な課題である。二十世紀初頭すでに、鋭敏な識者たちは、特殊科学がますます増大する反面で「人間の本質」はむしろ蓋い隠され、今日ほど人間が問題になった時代はないと指摘した。この半世紀に物理学・生物学・電子工学・脳生理学等々の諸領域で生じた〝科学革命〟は、旧来の世界観の変革を促すような新知見をもたらした結果、皮肉にも人間の統一的把握はいっそう困難になって、この傾向はこれからもますます強まり、人間に対する全体知は、積極的にそれを求めない限りますます遠ざかることになるであろう。――逆説的な言い方になるが、それだからこそ、〝人間と世界〟の全体像を得るための研究と討議の場が、必須となっているといわねばならない。

もちろんこの仕事は、さしあたり研究・討議の組織だけ考えても、大変な難事である。方法上の観点からも、全体論的把握には、検証不能の領域に踏み込んで科学的認識の範囲を逸脱するという難点もある。しかし、各学問分野が還元論的な個別の研究にとどまって、人間と世界の全体像を失う今日の問題状況の克服をめざさない限り、人間学は決定的に破産し、人間の自己認識も歴史の方向づけも断念されなければならなくなるであろう。つまるところ、各分野での個別の研究を積み重ね、そのなかから人間認識に不可欠な知見をもらさず拾い出し、それらを体系的に整序する作業をくりかえすことで、全体像に接近するしかないであろう。

このためにまず、人間研究に必要な諸課題を整序し、それらについて具体的な研究プログラムをつくり、各方面から討議を行っていくことが、当面の仕事となろう。それにはまた、諸科学の分野から参加された人々の自由かつ闊達な討論の場を造らなければならない。私どもが総合人間学会を発足させ、上記の志向をもつ凡ての真摯な〝学生《がくしょう》〟たちに、〝開かれた学〟の場を設けようと呼びかける所以である。研究者・教師・文学者・医師あるいは宗教家などの専門諸家に限らず、老若男女を問わず、同じ志を抱く全国の人士に、参加と御協力をお願いする次第である。

＊

ところで、この学会の出発に際し、私どもはこれまで三年余り行ってきた共同研究の成果を江湖に発表し、斯学に関心のある方々の参考に供し、かつまた種々の御批判や御意見を承るよすがにしたいと考えた。ここに『シリーズ総合人間学』として世《よ》に出される三巻本は、上記共同研究の諸報告中から適宜選んで編集されたものである。各研究会の報告《リポート》の仕方によって多少のパラつきはあるが、全体として右の趣旨に沿い、――各論文はいずれも試論として、検討すべき種々の問題を残しているであろうが、――大方の参考に供しうるものとなっていると思う。これまでのこうした作業はまた、これからの学会活動や共同討議の資料としても、有意味に用いられる一つのステップになると信じる。

二〇〇六年九月

〔小林　直樹〕

目次

第3部　現代文明のなかでの人間

序　章　総合人間学の課題と方法

小林直樹

I　総　論――課題設定と方法論

1　人間学の課題

人間学の基本課題は、〝われわれはどこから来たか〟（D'ou venons nous?）、〝われわれは何か〟（Que sommes nous?）、〝われわれはどこへ行くか〟（Ou allons nous?）を調べ、根源的に考え抜くことにある。（カッコ内の仏文は、P・ゴーガンが「楽園」と名づけた有名な画の片隅に書いた言葉。）総合人間学は、人間の自己省察と生存課題の検討を広く行うために、さらに上の三点に加え、〝われわれは何をしてきたか〟、〝われわれは何をなしうるか〟、〝何をなすべきか〟、〝何をしてはならないか〟等も問わねばならない。

上の諸問題をあえて一言に要約すれば、〝人間よ、自己（自らの由来・本質・志望・義務・可能性・存在意味など）を知れ〟と言い直すことができよう。この〝汝自らを知れ〟という命題は、――古代ギリシャのデルフォイ神殿に掲げられた言葉だが――人間らしい生き方の大前提であるがゆえに、人間にとっての普遍的かつ根本的な課題である。総合人間学は、この中心課題に向けて全知を傾け、人間という複雑な存在にあらゆる角度から観察と検討を加え、その全体的把握をめざさなければならない。――しかし、「はじめに」でも指摘されているとおり、これはきわめて困難な仕事である。

この課題の難しさは、人間存在そのものから来る。一つには、人間が複雑系の最たるものであり、その存在様式とそれをとりまく世界のどの部分をとっても理解しがたい問題に満ちており、ましてその全体像を把握することは至難である。また一つには、人間が発達させ豊かにしてきた「知」の分野が、見渡しがたいほど広がり、科学の領域だけに限っても、日進月歩に進む認識の質と量は、個々人ではとうてい追いきれないものとなっている。この膨大な「知」の総合化だけを考えても、〝絶望的〟な困難を感じないわけにはいかない。それだけではない。「汝自らを知れ」といっても、自己を見つめ、考える自己（あるいは心）があり、その認識主体を観察し追求する「自己」があって、どこまでいっても自己（心）に立ち帰らざるをえないという、循環的な運動のなかに人間が置かれている。このような自己還帰的な存在性格は、種々の局面でわれわれの認識のカベとなるだろう。

さらにわれわれの認識や理解は、人類がつくり出したコトバで語られ・考えられるために、不完全な言語の制約を免れない。コトバで表現され、相互に理解される、われわれの認識は、概念の厳密な操作を行う学問の分野でも、大きな制約を受け、正確な理解を限界づける。場合によっては、言語不通の人間関係に苦しみ、言葉を放棄して、〝言うものは知らず、知るものは語らず〟といった、老子ふうの矛盾的な〝語り〟（つまりは沈黙?-）に陥る羽目にもなる。ここにも人間存在自体のディレンマ――西田幾多郎のコトバでいえば「絶対矛盾の自己同一」（!?）――があるということになろうか。

とにかく人間は、難しい自己矛盾的存在である。このゆえに、根元的につきまとう困難があるからこそ、人間を知ることの必要とおもしろさがあると思う。——何よりも、このような難しい課題を自らに課して、見たり・調べたり・学んだり・考えたりすることは、(他の星に住むかもしれない〝宇宙人〟たちを別にすれば)人間だけの仕事である。地球上に生まれた他の生物はただ生きるだけであって、こんな仕事はおよそ考えもしない。人間が他の生物と根本的に違うのは、自己および世界を知ろうとする自己認識作業をする点にあるといってもよいだろう。これは人間の特質であるとともに特徴でもある。この作業が、必要かつ興味深いものでないはずはないではないか。

2 人間学の必要とおもしろさ

人間学はなぜ必要か。

(1) それは何よりも個々人にとって、人間らしい生活のために欠くことのできない「知」であり、自己省察である。〝自らを知る〟努力を欠けば、精神的な存在として生きる意味を得ることはできないであろう。ただ〝食って・寝て・生きる〟だけでは、ふつうの動物の生活と変わらない。単なる動物でなく、人間らしい高次の生き方をするためには、自己と(他者を含む)環境＝世界に対する人間知が必要である。

(2) それはまた、人類の生き方と文明を問い直すためにも、必須の要件でもある。とくに現代人は、文明の袋小路に入り、統一的人間像を失い、戦争や環境破壊などで、自らの生存基盤を打ち壊す愚行を重ねている。このような文明のありようを再検討し、自らの方途を見定めるためにも、人間の全体的な自己省察が不可欠である。こうした二側面での必要性について、もう少し掘り下げて考えてみよう。

a この最初の点に関して、次のような反論が考えられる。すなわち「重要な人間知は必ずしも「学」を必要としない。われわれの日常の労働や対人関係のなかで、いわば実践を介して有用な知識や知恵を得ることができる。むしろ、そのような実践知の方が、概念を通じて与えられる「知」よりも、血の通った人間らしい生活知になる」、という反対意見である。これにはもっともな根拠がある。科学や学校のなかった昔は、人間知は情緒とともに、家族や部族の親《ちか》しい人間関係のなかで養われ、人々はそれを通じて「人」となってきた。それに今でも、基本のモラルや温かい情念などは、概念によってではなく、健全な人間関係のなかで体験的に与えられるべきであろう。その点で、上のような意見には、今日に通用する妥当な意味が含まれている。しかし、現代のように文明が進み、人間関係が非常に複雑・広汎になり、また個別科学が膨大な知識量を生んで、〝何が重要な問題であるか〟さえもわからない時代になると、狭い対人関係のなかで得られる日常「知」では、日々の実践にも不十分だし、ましてI-1で述べたような大きな問題に答えることはできない。やはり、総合的な人間学が必要である。

さらに、必要な人間知は、複雑な社会に生きるための実用知だけではない。むしろそれを離《はる》かに越えて、人間を含む全世界（究極的に大宇宙）にまで視野を広げ、そのなかでわれわれがどのように発展し、どんな問題に直面し・それらとどう取り組み、その生活にどのような意味を見出しているか、等を探る英知（wisdom, Weisheit）をもたなければならない。この英知は、世の中を巧みに泳ぎ、栄達や権力や金銀を得る実用知よりも、人々を精神の高みに導き、雄勁で高雅な生き方を指示するだろう。人間学がそういう心の定位を示す役目をも果たすとしたら、それはより高い次元の実用知ともなりうるものといってもよいだろう。

b　第二の点は、これに続く諸論稿で詳細にふれられるので、ここでは格別の解説の必要はないと思う。（拙稿だけでも、本書の第9章で現代文明の危険な岐路における問題を総観し、第2巻の第11章でとくに戦争の問題性をあげておいた。それらの参照を乞いたい。）

ここでは、人間の自己省察の必要に加えて、そのおもしろさについてふれておきたい。人間学は、本当におもしろい学問である。人間とそれをとりまく生物界には、眼を見張るような驚異の出来事が多いし、哲学や物理などの難しい議論のなかにも人間学の見地から見直すと興味のつきない問題がたくさん発見される。人間の生理や心理や教育などの分野になると、――狭い紙面で事例をあげることができないのは残念だが――数えきれないほどの、知的好奇心を惹く現象が躍動している。歴史や政治あるいは文学の領域から提供される資料については、言うを俟たない。それは要するに、人間という対象そのものがおもしろいからである。陰惨で憂うつな出来事も山積しているが、それらをも含めて、愛憎・正邪・美醜・善悪の双面をもった人間という矛盾的存在は、あらゆる角度からの検討に値する、興味津々の現象といえる。

3 総合人間学の方法

総合人間学は、どのようにその課題をにない・果たしていくべきか。そもそも「総合」とは、どういう意味だろうか。――すでにこれまでも「人間学」(anthropology)は、ヒトについての「基礎的かつ総合的理解を目的とする科学」(『岩波生物学辞典』)として、人間の自然的形質や文化を対象とする〝総合的研究〟を行ってきた。またM・シェラーらの唱道した二十世紀の哲学的人間学(philosophische Anthropologie)も、旧来の実証的諸科学を越えて、「心理学や生物学や人類学や社会学などの人間諸科学の成果を統合して、新しい人間像、社会像をうちたてる基礎の探求をめざした」(平凡社『哲学事典』)。「総合」的研究という点では、われわれの志向に近い先駆があったといえる。しかし、真の意味の総合は、これらのすぐれた先駆的研究によっても果たされてはいない、という不満と批判を禁じえない。すなわち、前者＝人類学は、人間の身体と文化の側面の研究で多くの成果をあげてきたけれども、他の実証的諸科学や哲学の成果の取り入れに乏しく、総合性に欠けていたといわざるをえない。後者の比較的新しい哲学的人間学は、上述のような総合研究の志向では、われわれの先駆者といえるけれども、思弁に傾き・科学への関心が希薄であったため、実際の成果は総合的研究の名に値するまでには達していない。上の両者には、たとえば総じて宇宙論的視野に欠け、また新しい生物学的知見（生化学・遺伝子学・免疫学・脳科学などの成果）の摂取も少なく、その射程距離はかなり狭かったという憾みがある。それに総合への方法論も、不十分であったと思われる。

さて、われわれはどうか。現代の人間学は、以前の哲学的人間学が行ったような、単なる思弁によるのではなく、実証的な諸科学の成果と知見をふまえて、総合的な認識に達するものでなくてはならない。個別科学の分化と進歩が著しい今日、人知の量は飛躍的にふえたメリットがある代わりに、それらを総合する仕事は至難の業になっている。つまるところ、個別科学と哲学の知見を、人間の全体像の把握に集中し、各界の協業によって新しい自己知の地平を拓いていくしかないであろう。以下、簡単にその方法について述べてみる。

(1) 科学の基本的方法、すなわち観察・実験⇩仮説の定立⇩観察・実験によるその検証⇩新しい仮説の定立という実証的方法は維持される。そして諸科学によって実証的に確立された成果は、思弁に優先させ、科学の確認した知見に反する主観的思弁は、排除もしくは抑止される。ただし、科学が不可知とし・達しえないとする領域においては、形而上学に十分な自由が与えられる。

(2) 諸科学の知識や仮説の統合は、人間哲学の仕事となる。その作業は極大の宇宙から極微の部分にわたり、マクロとミクロの視座の不断の往復を行い、諸領域間のフィードバックを繰り返すことによって進められる。この哲学的統合の仕事においても、(1)の基本方法がとられなければならない。この過程でクーンのいわゆる「科学革命」が生じることによって、哲学的認識の転換が求められることもあろう。

(3) 認識を進めるうえでの基本仮説の一つとして、物質⇩生命⇩精神（あるいは宇宙⇩生物界⇩人間）の進化の大きな三段階を全体の視野におさめ、それぞれの段階での運動法則や基本特徴を明らかにする。人間の生存構造もそのあり方も、常にこの三成層とのかかわりにおいて考察される。(この三段階の発展図式は、筆者の創造ではなく、J・S・ハックスリー、A・コンフォート、P・クラウド、渡辺格らの生物学者、K・ボールディングのような経済学者たちが、基本的にとってきたところである。私はこれを方法論的基礎に据えて、人間学を推進すべきだと考える。)

(4) 上の問題に先行する、認識論や科学論の前提問題はたくさんある。人間学の方法論に関する若干の問題に、筆者なりの簡単なコメントを付けて、将来の掘り下げのための準備作業としたい。方法論も完結したものではなく、常に改革と進化を要する〝開いた〟学の過程にほかならないからである。(ここではさしあたり、五つの問題に限定する。)

① 始元の問題――(3)であげた〝物質〟・〝生命〟・〝精神〟の三層も、そのどの階層でも、始元は何であったか問われよう。それらはいずれも、今日の科学では解明されていない至上の難問である。「物質」は宇宙創造のビッグバンの所産だとされるが、物質の究極の根元は何か。それをつくったビッグバンの発火は何によって生じたか。「生命」は物質界から、どうして発生したか、生命への飛躍およびその進化は、必然か偶然か。それを促したものは何か。生命体から意識や精神はどのように生じたか。……これら始元の追求は、科学の及ばない究極の謎だろうか。そうだとしたら、学の限界として神秘のままに前提して進む以外にないだろうか。

② 無・無限の問題――上記の諸点と関連して、物質界の「有」は「無」からつくられたのかと問われ、難題はさらに深まる。新しい天文物理学界では、これを肯定し〝宇宙の自己創造〟といった根本仮説まで立てられているが、なぜそのような自己創造が行われ、どのようにして「無」から大宇宙が作出されたかは、いっそう不可解な神秘になりそうである。さらにビッグバンによって「時空」も生まれたといわれるが、有限の時空の上に、さらに超越的な(神の?)時空が考えられるのではないか。それは無限の延長と拡がりをもち、現

宇宙を包んでいるのでは？……と謎はここでも深まる。

③　物質の組み合わせから成る脳から発出する「意識」の謎も、同じく神秘の霧に包まれているし、物質も解体されて量子論の領域では、素粒子もさらに「超ひも」といわれるエネルギーの運動にまで帰せられる。この点で、旧来の〝唯物論vs.唯心論〟といった認識論上の対立図式は、解消してしまったといえよう。ではそこから、どのような起点が見出されるだろうか。

(5)　人間学の出発点　　上記のような根元的な謎と不断に対面し、問題を深めながら、人間学はそれなりの総合的把握を試みていかなければならない。その出発点として、(3)の三層論に加え、人間を一つの中間的かつ矛盾的存在として、認識を高めていく方法が提案される。次のⅡ-[1]以下の考察は、総合的認識への試行的アプローチとなろう。

ここで参考のために、人間学研究会で「取り上げるべき問題」として討議に上った多数の諸問題を、列挙して掲げた「課題」およびⅠ-[3]-(3)の発展図式を念頭におきながら、私なりに整理して例示しておくことにする（〝例示〟というのは、そのすべてを列挙することが不可能なほど、たくさん出されたからである）。

a　われわれはどこから来たか

①　宇宙の問題――宇宙はどのようにして生まれたか。ビッグバンは第一原因か（その前を問うことはナンセンスか。神の創造だとすると、神はそれまで、どこで・何をしていたか……等々）。「無」から生まれたとすると、その創造力はどこから生じたか。膨張宇宙の果てはどうなるか（bにつながる）。

②　生命の問題――物質の組み合せから、どのようにして生命が生まれたか。「進化」の原因と推進力は何か。生命を規定している物質のはたらきは何か。生命とはそもそも何か。

③　精神の問題――これは「われわれは何か」の問題でもある。心＝意識は今日、脳のはたらきだと見ら

れるが、はたして心は脳に帰着するか（唯脳？）。心とはいったい何なのか。人間は意識を作動させる機械か（人間機械論？）。人間的価値は、どのようにつくられたか。言葉はこの意識の作用にとって、どのようなはたらきを担っているか（言語論の問題）。

b　われわれはどこへ行くか

①　人間は死なねばならぬ。「死」とは何だろうか。その意味を問うことは、生命を問うことでもある。短かい生涯を人間は、どのように生きるべきか。これは倫理・哲学の最大の問題であったが、併せて人間の幸福とは何かを問わねばならない。更に人類の観点から、どこへ行くかという問題がある。これは次に述べる宇宙論や生物学上の終焉《えん》と関係する、ロング・レィンジの問題となる。

Ⅱ　基本問題——宇宙・生命・精神の進化

1　宇宙における人間の位置

人間は宇宙の時空の中に生まれ・育ち・死んでいく存在である。われわれが、このコスミックな場の中でどういう位置を占めるかは、人間学の主要問題の一つである。その初歩の認識から始めれば、われわれは、ビッグバン以後、膨張を続ける巨大宇宙の中に、物質の組み合わせでつくられ、そこに住む微小な断片である。巨大な宇宙から見れば、とるに足りない、か弱く憐れな生きものにすぎない。しかし人間は、パスカルがいったように、自らの悲惨さを自覚しながら、超越者をも考える独特の存在である。無数の銀河の中の一つの縁辺にある、太陽系の一惑星に生まれたこの小生物が、宇宙の構造や運動を眺め考えている構図は、〝宇宙の自己認識〟として、人間に特殊な課題を与えていると思われる。

もっとも、われわれがそう考えるのは、人間の思い上がりであるかもしれない。宇宙にははじめから、人間という認識者を生み出そうとする意志があったのだろうか。そのような「宇宙意志」があったと解するものは、少なからずいるようだ。人間を「自然の究極目的」だと考えた哲学者カント、あるいは宇宙が人間に向かう〝定向進化〟をしていると見た生物学者テイヤール・ド・シャルダンのような思考は、今でも魅力的な力をもっている。天文学者のなかにも見られる、いわゆる「強い人間原理」を信ずる人々は、ほぼそれに似た考え方に立っているといえよう。――しかし、宇宙がそうした意志や目的をもつという主張は、科学的には立証しえない憶測にとどまるだろう。ただ、次の二点は、肯定されてよいと思われる。

第一に、宇宙は、人間のような高度の認識能力をもつ存在を産み出すようにつくられているということである。現に人間という生物が生まれ活動している事実そのものが、このことを端的に立証している。この認識は、〝弱い人間原理〟と呼ばれているが、この原理は事実によって証明されている点で、積極的に支持されるべきだと考える。

第二に、人間は、宇宙の中でその微小な一部分として生まれながら、自らを含む巨大な宇宙を観察し、そのありようを考える点で、宇宙の自己認識者である。多くの失敗や過ちを犯しながらも、試行錯誤の実践を重ねて、宇宙の創造・運動・構造まで探り、その全体像の理解に迫りつつあることは、一つの壮観といってよい現象である。この人間の意志と努力は、宇宙の自己意思でもあるとすれば、宇宙は〝自らの存在を確認させるために〟人間を生み育てたのではないか、という想像に誘う。(これは先に否認した〝強い人間原理〟への接近を意味する。)――そこまでいかなくても、人間が他の生物にない格別の認識能力を与えられた、一種の特権的生物であるとすれば、自己と宇宙の全体認識に向かう義務を負う、と考えて然るべきではないか。これは決して、人間の不当な思い上がりではなく、生物界における〝noblesse oblige〟というべきものといえよう。

ただし人間だけが、全宇宙の中の唯一の精神的存在ではないであろう。人間は一種の〝宇宙人〟であるが、他の無数の銀河の中に、やはり高度の精神と能力をもった生物（他の宇宙人）が存在する可能性は十分にある。相会うことがほとんどありえない、この別世界の〝宇宙人〟を考えれば、宇宙は他の認識者を数多くつくって、多様な〝自己認識〟を競わせているのではないか、という想像も駆りたてられる。大きなコスモスの中での認識競争が、期せずして行われるという構図は——さしあたり一片の空想にすぎないが——、人間に高度の課題意識を促すかもしれない。それはともかく、この広大無辺のコスモス中の、小さな惑星の上に生まれた人間という微力な小生物が、単に無意味な生命にとどまらず、宇宙の自己認識の仕事を担う存在であることは、感謝と責任感をもって生くべき位置におかれているといえよう。

2 生物進化のなかの人間

太陽系の三番目の惑星上に生まれた生命体は、三八、九億年以上の長い進化の果てに、人間を育成した。地球上における生命の発生も、生物進化の展開も、神秘にみちた驚異的な大自然の過程である。この生命体が、絶滅の脅威にさらされながら、植物⇩動物⇩人間の発達をとげたことは、それじたい奇蹟と呼んでよいだろう。——そして、Homo sapiens（賢明なヒト）と自称するこの生物は、哺乳類のなかのサル属から枝分かれしてわずか五〇〇～八〇〇万年の間に、大きな脳と器用な手で、言葉と道具を駆使して文明を発展させ、地上の覇者となった。

生命の誕生も、進化を通じての夥しい多様な生物の発展も、大小さまざまな偶然と必然の複雑な絡み合い——これを私は「因縁」と呼ぶ——の結果である。われわれが今ここにこのような形態で生きて存在していることは、無数の因縁のつみ重ねによる〝有り難い〟現象である。このことを確認したうえで、まずは一つの点をあげておきたい。一つは生命の連続面である。われわれの命は最初の生命にまで、一度の断絶もなくつながっているという、あたりまえながら驚くべき現実である。今日存在するすべての生物は、遺伝子の構造などからみて、遡れば最初の生命に帰着すると考えられるが、どの種類も個人も例外なく、歴代の父母の父母たちの更に遠い祖先のどの個体を欠いても存在しえなかったのだから、すべて〝万世一系〟の連続の結果である。それらの祖先たちが遭遇した無数の危険——天災による大量死、天敵による滅亡、戦争死などなど——をくぐり抜けて、三九億年という長い過程を生きてきたことは、驚嘆すべき奇蹟といってよい。

もう一つは「進化」から生ずる非連続面である。すべての生物の根元が——先の遺伝子の構造のほか、代謝の仕組みやエネルギー発生の仕方などから推定されるとおり、——一元的なものだとすれば、生けるもの一切は同胞というべき関係にある。ところが現実には、菌類・植物・動物のそれぞれ多数の種属の間には質的な段階差があって、まったく異なった存在様式を示している。この歴然とした差異は、ダーウィン以来、突然変異と自然淘汰の組み合わせから生じた進化の結果であることが、広く認められている。自然界における進化は、偶然と必然の無数の寄り合わせを重ねて、生物界の頂点に人類を押し上げてきたのである。比較的に弱小な身体的条件にもかかわらず、人類が地上の覇者であると見られる地位に立ったのは、進化の過程で抜群の脳をもちえた結果にほかならない。

しかし、人類があらゆる生物を支配し、自己のために自在にそれらを利用する覇者のような位置を占めたというものの、その生存はまぎれもなく全生物が織り成す地球上のエコシステムに決定的に依存しているのである。ところが現代の人類は、このエコシステムの大きな恩恵を忘れ、自らの〝豊かな生活〟のために、動植物を見境もなく乱獲・乱伐して、自然環境に重大な危害を加えている。人類のこの放恣な所業と傲慢な自然破壊は、人類の未来を閉塞する矛盾極まりない愚行であり、それを続けると、人類は自らの手で滅亡の墓穴を掘ることになろう。人間が人間らしく生き続けうるために、現代人は自然への謙虚さを取り戻し、有限な"宇宙船地球号〟の上で多様な生物が共存できるシステムの保持に努めるべきであろう。

3 精神的存在としての人間

複雑な心をもつ人間は、無数の偶然と必然の絡み合い（私はこれを「因縁」と呼ぶ）による進化の不思議な所産である。この〝思考する生物〟は、急速なスピードで文明進化の系をつくり出し、自然を越えた文明生活を享受する反面で、自己破壊的な矛盾に悩む存在となっている。とりわけ、人類がその知能によって「文明」を加速度的に発展させ、自らの繁栄を達成させながら、前に述べたとおり、エコシステムに深刻な打撃を加えていることは、全生物の生存にとっても重大な問題となりつつある。――ただ、ひとまずこの点をさし置けば、生物界に人間が登場するに至り、生命の世界の意味も地球の様相も大きく変わった。このヒト属は、長い成長期を経て、ここ数万年の間に言語と道具を進歩させ、独特の文明を築いてきた。これによって地球という惑星は、単に生命をはぐくむ星にとどまらず、人が宇宙認識を行う格別の基地になったし、人間の創造的文化の華《はな》を咲かせるユニークな場所にもなったのである。

しかしヒト属は、そのすぐれた脳を使って、他の生物の及びもつかない偉大な精神活動を行うかと思えば、醜悪な手段で他人を陥れたり残虐な同胞殺しを行ったりする、矛盾した存在である。そもそも、動物としての肉体と、高度な精神とをもつ人間は、霊肉の分裂、善悪・美醜・真偽・聖賤の間にゆれる有限的存在である。欲望と理性、心の中の悪魔と天使のせめぎあいに悩み、その生活と歴史のなかで、創造と破壊を繰り返し、上昇と転落の可能性を常に抱く二元分裂的な生きものである。こうした根源的な矛盾は、日常の生活の中でも、さまざまな紛争や対立となって現われ、その解決のために道徳や法を呼び起こす要因となっている。（このような規範体系は、人間の社会だけに見られる独特の現象である。拙著『法の人間学的考察』二〇〇三年、参照。)

ここでは〝人間とは何であるか〟、という次の問題と、それへの解答の試みがすでに始まっている。

Ⅲ　承　前――人間の存在意味と未来

1　現存在としての人間

「ここの今」に生きている人間はすべて、三八億年の生命の流れを途切れることなく受け継いできた、それぞれに唯一無二の存在である。この現存在を「今」に在らしめたのは、気が遠くなるほどの長い時間と、その流れのあらゆる局面ではたらいた無数の偶然と必然の絡み合いの結果である。それは奇蹟の連続といってもいい出来事なのだ。――たとえば、次のような〝天の声〟を聞いたら、あなたは現存在(Dasein)として、おそらくその存在の奇蹟性に身震いするのではないだろうか。

①「あなたは、ご両親の子として、この時代に・この国土の・この民族の・この家族の一員として生まれ育てられたが、その両親も時処もあなたが選んだことではなく、すべて因縁がもたらした運命というほかはない。つまり、どんな人も、個々人の意志や欲求を越えた因縁を背に負って存在しているんだよ。」

②「考えてもみてごらん。あなたの生命はあなたの父母の性的交りに始まるが、ある時の、ある条件下で、一~二億の精子の一、二個がたまたまその時の卵子と結合したことは、おそらく何十億分の一の確率の偶然だ。しかも同じような事態は祖先のカップルのすべてにあったことだから、それが何万世代にもわたると計算不能の超偶然の結果、つまり奇蹟ということになる。」

③「あなたの祖先のまた祖先たちはみな、自然災害や天敵の襲撃や病気や闘争(とくに戦争)などによる死の

危険に、恐らく何回となく当面させられながらそれらを免れて、三十数億年もの間一人も欠けずに子孫を生んで、あなたに生命を伝えてきた。これも驚嘆すべき奇蹟でしたね。」

④「そもそも、あなたが生活している地球という惑星も、その出来上がりからして奇蹟的な天体だ。太陽からの適当な距離のために、生命をはぐくむ水を持ち、適当な温度を保ち、そのおかげであなたも他の生物も生かされているんだよ。」

このほか、宇宙そのものだって、たとえばビッグバンのときに、物質と等量の反物質が作られていたら、両者の衝突によって無に帰したろうから、物質界の存立もやはり偶然に依存していたということになる。地球上の生命の誕生も、同然である。現存在の在ることじたいの奇蹟は、日常生活のなかで忘れ去られ、多くの人々は意識の外において気づいてもいないけれども、人間学はむしろその認識から出発すべきだといえよう。また、人々がこの奇蹟を思えば、あらためてお互いの生命の貴重さを尊重し、殺し合いや傷つけ合いを熄《や》めるに至るのではないだろうか。人間の尊厳や人類の基礎も、この生命およびかけがえのない個人のユニークな個性がコスミックな奇蹟の所産である、という根元的な事実のなかに見出されると思われる。

重層的な奇蹟のなかで、上の①で述べられた「運命」という言葉は、格別の省察を要する。われわれが常に奇蹟の子であるだけではなく、一定の歴史的時代、一定の場所と家族の中に生まれたことは、(神を別にして)誰もが決められない決定的な所与である。その条件がまたわれわれの存在の仕方を大きく規定することは、〝因縁〟によって定められた、不可解・不条理な〝めぐり合わせ〟なのである。

しかし人間は、因縁あるいは運命の制約のもとにあるけれども、何から何まで必然の法則によって支配されるのではなく、未来に向かって行動を決定する主体的自由と責任をもちうるし、またもつべき存在である。この点でも人間は、他の動物と異なった独特の生きものといえよう。人は遺伝子や環境によって大幅に制約されながらも、自己の運命を何らかの程度で選択・変更できる自由主体でありうるところに、独自の意義をもちうる存在である。ただその反面で、文明時代に入った人間は、自らの作りだした道具——貨幣・武器・情報機器など——によって、振りまわされ、主体性を失うような弱い傾向をもっている。この弱さゆえに人は、自らの欲望や感情に曳きずられて、他者に害を与えたり犯罪を犯したりもするし、ときには残虐・無残な行為をするようになる。とくに強力な武器を発達させて、大量に同胞殺戮を行う戦争を繰り返してきたことは、愚行の典型例である。人はまた、やさしい同情心や温い心をもっているから、この点では象徴的にいえば、「天使と悪魔」の両面を内在させた存在とみられる。自由と運命、強さと弱さ、賢明と愚かしさ、優しさと残忍さ、善と悪など、矛盾した両面性が、現存在に内在する性《さが》といえよう。人間はこの両面の可能性をかかえていることを自覚して、その独自の生命を可能なかぎり生かしていくべきだと思われる。

2 人間の存在意義——または生存目的

a　個人の生存意味　　われわれ人間は、この世に生を享けて生活しているが、それにはどんな意味があるのだろうか。——①「そんな問いは馬鹿馬鹿しい。考えるだけでも無駄だ。毎日を呑気に、楽しく過ごして死んでいけばいい」という者もあるだろう。②「人間は邪悪で冷酷な、自己本位の思い上がった動物だ。自分の欲望のために殺し合いをしたり、地球の自然を破壊している人類は、早く亡び去ったほうがよい。他の生物は大喜びだろう」などという見方もある。③「人生は汚辱と苦悩にみちている。これ以上生きることには耐えられない。無意味な生存は、自分で断ち切りたい」として、自死する者もある。

こういう絶望感や存在意味否定論に対して、生を肯定する正反対の考えに立つ人々は、たぶん次のように言うだろう。④「生きていることが奇蹟であることを思えば、人生をあまりに軽く考えることは間違っている。

また、人間の幸福は、無思想で快楽をむさぼるだけでは得られない」。⑤「奸悪で非道な人間がいることは事実だが、そんな劣等な連中よりも、平凡でも心温い人々や尊厳に値する創造的な人間がたくさんいることに、眼を向けるべきだ。世の中はそんなに捨てたもんじゃない」。⑥「人生には確かに苦悩が多いけれども、それらを克服したところに明るい希望や喜びがあるではないか。ただ一度だけの貴重な人生は、それぞれにかけがえのない珠玉として、大切に磨き育てるべきではないか。せっかくこの世に人として享けた命は、壊しても汚してもいけない」と。

日常の会話のなかにも出てきそうな、こうした意見（人生観・世界観の一部）は、①～③の悲観と④～⑥の楽観のどちらの側にも、もっともな理由があるといえる。前者が前提とする人生のダークサイドは、否定しがたい事実であろう。しかし私は、――手放しの人生讃歌には同調しえないが、――先に述べた生存の奇蹟性を思い、また（転生や再生を信じない人間として）〝永遠の時間〟のなかでただ一回の生命を与えられた〝有り難さ〟（不可能に近い奇縁）を考えると、人生に積極的意義を認めたい。――それでは人生に何らかの目的があると思うかと問われると、科学的な思考をふまえて私見をいえば、次のように答えるほかはない。

人生には、ある一定の方向、目的に向うべきだという、既定の指示はどこからも与えられていない。少なくとも科学的に見るかぎり、自然もしくは超越的な存在者（神）によってわれわれに明示された、一定の客観的目的があると考えることは困難である。ただ人間は、自ら「人生の目的」を定めうる唯一の生物であり、前述したとおり、まさにその自由を有する点に、独特の存在意義があるといえよう。自らの人生目標を決める自由があるゆえに、人間の社会生活はきわめて多様・多彩であり、またおもしろさをもっている。――ただし、あえてこの目的を抽象的な言葉で表わせと求められるならば、それはすぐれた意味での「幸福」と呼ぶことができると思う。そしてそれは、各人がそれぞれの〝自己を実現する〟努力で、自らの生存にふさわしいと思う充足感を得ることに帰着するだろう。ただ、これには若干の条件が付けられる。すなわち、人々が各自ふさわしい人生を選ぼうとするならば、最小限二つの基本条件があると私は思う。一つは先に述べてきた、宇宙で生を与えられた奇縁を思うこと、もう一つは、自己の幸福を追い求めるときには、常に同時に他者の幸福追求の自由を尊重することである。

b　人類の存在意味　(過去から未来にかけての)無数の個人の集合から成る人類の生存目標は、個人のそれ以上に見定めがたい。おそらく各民族の宗教や生活・思考様式の違いに応じて、また時代の条件の異なりに従って、対立する意見が渦巻くことだろう。しかし、前述の個人の生存目的論を準用して、各民族・国家・宗団組織等の自由な目的設定と、それに付加された上掲の二条件は、集団のレベルでも妥当すると思う。ただ個人の場合における〝自己実現〟の目標は、人類という抽象的な集合体で考えると、人類の創造的作業の総体としての「文明・文化」の推進と名ざしてもよいのではなかろうか。各民族、国民が自らの文化的創造を競い、かつ平和的にそれらの成果をつみ重ね、宇宙の一隅に独自の文明を形成することは、人類の存在意味を実証する共同作業となろう。これを果たすためには、もう一つの基本条件として「平和」の保障が要請される。

3　人間はどこへ行くか——人類の未来について

人間はどこへ行くか、行き着く先はどこか、という問いには、二つの問題が含まれている。一つは個人にとっては死、人類にとっては種属の死滅という、不可避の到達点かつ終焉の問題。もう一つは人類がその終末に至るまで進めていくであろう文明の行方(およびその方向づけ)の問題である。

a　個人の死　他の生物と同じく、人間は死すべき存在である。死は誰しも免れない、不可避の運命である。しかし、生命体が「生の欲求」を本源的にもつ以上、死は痛嘆すべき悲劇であり、不条理である。愛する者の死は、誰にとっても人生の最大の悲しみであるが、自己の死は、各人にとっては〝すべての終末〟であり、〝宇宙の死〟と同じほどの受けいれがたい不条理である。死そのものは、各人にとってただ一回の出来事であり、生者として〝体験〟することのありえない現象ではあるが、生きている自己の永遠の壊滅であるゆえに、恐怖と嫌悪の的となるのも当然である。しかし、不可避的なこの永別があればこそ、生命の輝きの意味深さが明らかになるという点で、死は生の充実を求め促す決定的な契機でもある。「死に対する不安は、無に対する不安である」(K・ヤスパース)とは、すなわち「無」に帰する前の「生」をよりよく生きよという、死神の呼びかけにたえず耳を傾けていなければならない――memento mori(死を忘れるな)ということである。

b　人類の死　人類の死滅は、個人の死と同じく不可避だと思われる。その理由は、第一に、膨張する宇宙全体の終焉が予想される。さまざまな終末論があるが、エントロピー増大の原理に立つ熱平衡的終末にせよ、膨張から収縮に転じるとみる「ビッグクランチ」説にせよ、宇宙発展の終末は必至であろう。(第2章、小尾論文を見よ。)第二にそれほどまで無限に近い未来より前に、太陽系の崩壊(約五〇〇億年後)が不可避である。第三に、より短いサイクルで生じるとされる、地球と小天体の衝突による滅亡も確度が高いであろう。第四に、人間じたいが原因となる種属自死の可能性も大きい。これこそ文明の重要問題である。

人類の終末論は、人間という生物の生き方や存在意味に関する根本的な問題を提起する。「いずれ終わりあるものならば、刹那の快楽を求めるべし」とか、「一切が無に帰する以上、現在の所業はすべて空しい」とか、「ひたすら神(佛)に祈るのみ」とか、刹那《せつな》主義や諸行無常《しょぎょうむじょう》の諦念やニヒリズムなど脱現世的な方向に傾く見方が強くなるだろう。――この問題については、しかし、ニヒリズムに陥るよりも、「人間の尊厳にふさわしい死に方を」(N・ウィーナー)しようという、人類の覚悟が必要であろう。人類の滅亡も、承認しがたい悲劇ではある。しかし、たとえ人類の文明や思想や宇宙認識が、H・ポアンカレが言ったとおり、宇宙の中にきらめいた「一瞬の電光」のようなものであっても、その輝きが人類の生存の意義を実証するといえよう。

c　文明の行方　人類はその文明をどこまで、どのように駆りたてていこうとするのか。この問いはH・G・ウェルズやA・J・トインビーら、長大な文明史観をもった人々がいだき、人々に提起した問題である。とりわけ今日では「核」に典型的にみられるように、技術の発達じたいが人間生存を脅かすという、深刻な矛盾が相ついで生じ、進歩の意味が根本から問われている状況にある。このことは、二十一世紀が当面する若干の世界問題をみれば、明らかになるだろう。

近未来の世界問題では、第一に人口爆発と難民問題があり、第二に環境の汚染と悪化があり、第三に資源紛争の激化があり、第四に軍備競争と戦争の危険の問題がある。これらの諸問題は、軍事力で解決することは不可能であり、むしろ事態を悪化させかねない。にもかかわらず諸国家は「国益」至上の立場から軍備強化に走る傾向がつよい。（これらに関する詳細な考察は、第9章で行う。）

こうした諸問題をかかえた現代は、まさに文明の大転換期に立っているといえよう。ここにおいて人類は、限りない欲望を自ら抑制、もしくは変更できる理性が求められていると思われる。明るい未来をもつために、人類として反省すべき次のような点を考える必要がある。

その一は文明の加速度の問題である。人類は類人猿から枝分れをしたあと、ゆるやかに進化してきたが、一万年ほど前の「農業革命」を境に急速な文明時代に入り、その後の発展は急スピードで、とくに今日見られるような科学・技術の進歩は近未来の見透しを困難にしている。この加速度は人類の生活に多大な恩恵を及ぼした反面で、今や滅亡の不安をもいだかせているのではないか。

その二は、欲望と競争の矛盾の問題である。技術文明の進歩に歯止めがかけられず、加速度が続く理由の根底に、人間の欲望が限りなく、しかも相互に競争原理がはたらいて、人々を駆りたてている事情がある。このために人類は、何が根本問題であるかを考えるいとまもなく、当面の競争と利害に駆られて、核やコンピュータに代表される物質文明を推進している。どこに行こうとするのかという反省を欠いた文明の行方に、どんな希望がもてるのだろうか。

その三は、人間の適応力の問題についてである。人間は他の動物とは異なる優秀な頭脳で文明を築いてきたが、企業や国家のためという行動原理によって、将来人類の利益を度外視するような適応力の限界と矛盾を反省しなければならない。

人類はこれまでの因縁に鑑みても、まだ生き続け、自らの存在意義を確証するためにも、真の意味の心ゆたかな文明を築き直すべきだと思う。ともあれ、善悪・美醜の矛盾した両面をもった人間は、今日あらためて、いったいどこに行こうとしているか、切実に問われている。これは人間が自らの幸福や存在意義を賭けた重大な問題である。

〔d　個人の行方　死に至るまでの各個人の行方は、各人がそれぞれの運命を背負いつつ――子どもは別として――各自の主体的な自由によって生きていくべき課題である。それについては、ここではさしあたり考察の外に置くこととする。〕

第1部　自然科学から見た人間

第1章　自然「学」的見地から見た人間、総合人間学

小原秀雄

この小論では、人間（ヒト）にとって、〝自然な〟存在様式（社会・生活・精神）を求めて、人間（ヒト）概念から、自然「学」と人文・社会科学との長く求められていた接点の実現として相互関係の発展を問う。

進化史に基づくまでもなく、人間は自然から生まれた。人間が生み出した人文・社会と一般にまとめられる学問と実践の成果は、すべて源を人間とその母胎であった自然との関係から生じている。それにもかかわらず、人間を問うとき、人文や社会の視点からに限られ、自然の法則性からの視点は、生物としてのヒトの起原などに限られていた。しかし、人間を総合的にとらえるならば、自然を含めた問いが欠かせないだろう。

以上のような問題意識から、論理を述べてみたい。

人間（ヒト）とは、私が生物的、あるいは自然的存在としてのヒトが人間としての社会的文化的存在様式に内的に組み込まれているという、人間の存在形態を基本的に表現した一つである。このあり方を、人間を問う総合的基礎概念とみなしている。それを自然「学」から問うのは、人文・社会科学との相互関係を明らかにし、その相互関係のはたらきにより社会・文化その他の仕組みが自然とヒトの自然性との関係をつくっているため

である。その結果、社会や生活・精神も歴史に対応して安定した状態になると考える。人間の内なる自然である ヒト的なあり方と、環境（主に人間と人間がつくり出した「モノ」で構成されている）である外なる自然との関係もこの視点から問い直され、環境問題もその原則に基づいて考察されうる。また現代の人間の暴力・情動・欲望の支配的様相のもとにある人間性について、新しい根源的な視点を社会や文化を含めて問いかけられうるであろう。いまやそれらすべての人間現象がこの視点から知的営為として問い直されるべき時であるが、自然学の側から総合人間学の現代的意義を小論で述べる。

1 自然「学」からの思考過程——比較生態（行動）から

社会・文化的存在としての人間については、諸学問で追究されている。一方また自然科学、とくに生物学からは、ヒトについて、また人類学は文化・社会系人類学と自然人類学との両側面から人間を追究している。精神人類学という領域や心理学もある。さらには哲学的人間学を中心とし、人間観・人間論が論究されている。この総合化——総合人間学は、これらの羅列で果たされるものではない。諸領域からの人間像を総合しつつ構造化して位置づけ、問い直すといった研究にともなって豊かにしたいのである。[1] なお人類学にしても、心理学にしても、その学問への一般化にあたっては、常に人間の統一像の追求を目的にあげる。しかし、それが〝現実〟の人間の諸課題の明確化に十分に対応しているとは感じられない。一つには「学」が普遍的諸法則確立をめざし、個別、特殊な問題を組み込んでいないからである。しかし、総合人間学は、個人の人格・生活についての課題を含んでいると思う。この点については、たとえば文学などにおける人間像の人間学的普遍化がなされなければならない。

私は自然の側から「学」（論理）として問いを重ねてきた。自然科学としてではなく、人間を自然の側から問うとあえて述べたのは、一つは現代の自然科学の迷信的な受けとめ方があるからである。自然科学・社会科学、文化や芸術の諸学問の法則性の間の乖離と、さらに現実との断絶とがあるからである。これは以下の理由による。

従来ヒトは自然科学、人間は文化・社会科学の対象とされていた。しかし最近では分子生物学、とくに遺伝子研究、さらには脳科学の発達に例をみるように、これらの領域からも人間を論究するようになった。

自然科学の迷信的な受けとめ方を詳細には論じないが、どの部分、どの階層の法則性が解明されたのかを規定することなしに、マスコミなどの好みを時には利用して、科学の法則の適用限界を越えて人間観を云々する傾向が生じている。その結果、医療などでのヒトの分断的利用など、倫理面に影響が及んでもいる。自然科学は現代では自然、自然哲学から離れて、技術の必要性に応じた傾向が生じてきていた。それは結果として、現代の技術による（機械や器具、情報処理法に合わせた）研究面に偏った発展となる（生命科学面については第3章を参照）。そのために理解できる側面も限られ、ゆがんだ自然像（生命、生物、生態系について）の形成を招く。結果としては、われわれは総合的で複雑な環境の理解の不十分さをもたらしている。

私の自然「学」からの人間への問いは、後述するような人間化の進化過程の特殊性すなわち自己人為淘汰による自己家畜化の仕組みを明らかにするために動物との比較生態などの方法から発想したものである。

2 なぜ自然学か――現代自然科学と自然学

人間の具体的全体像を論理的に（もっとも広く、感性によるものを含め）とらえる人間学に対応して、同様に自然を全体としての自然界の諸法則性などをとらえるのが自然学である。自然の解明の方法としては自然科学（現代の主流的な見方に加え、多様な接近を含む）と自然哲学（多様な視点から成る）といったとらえ方があろう。

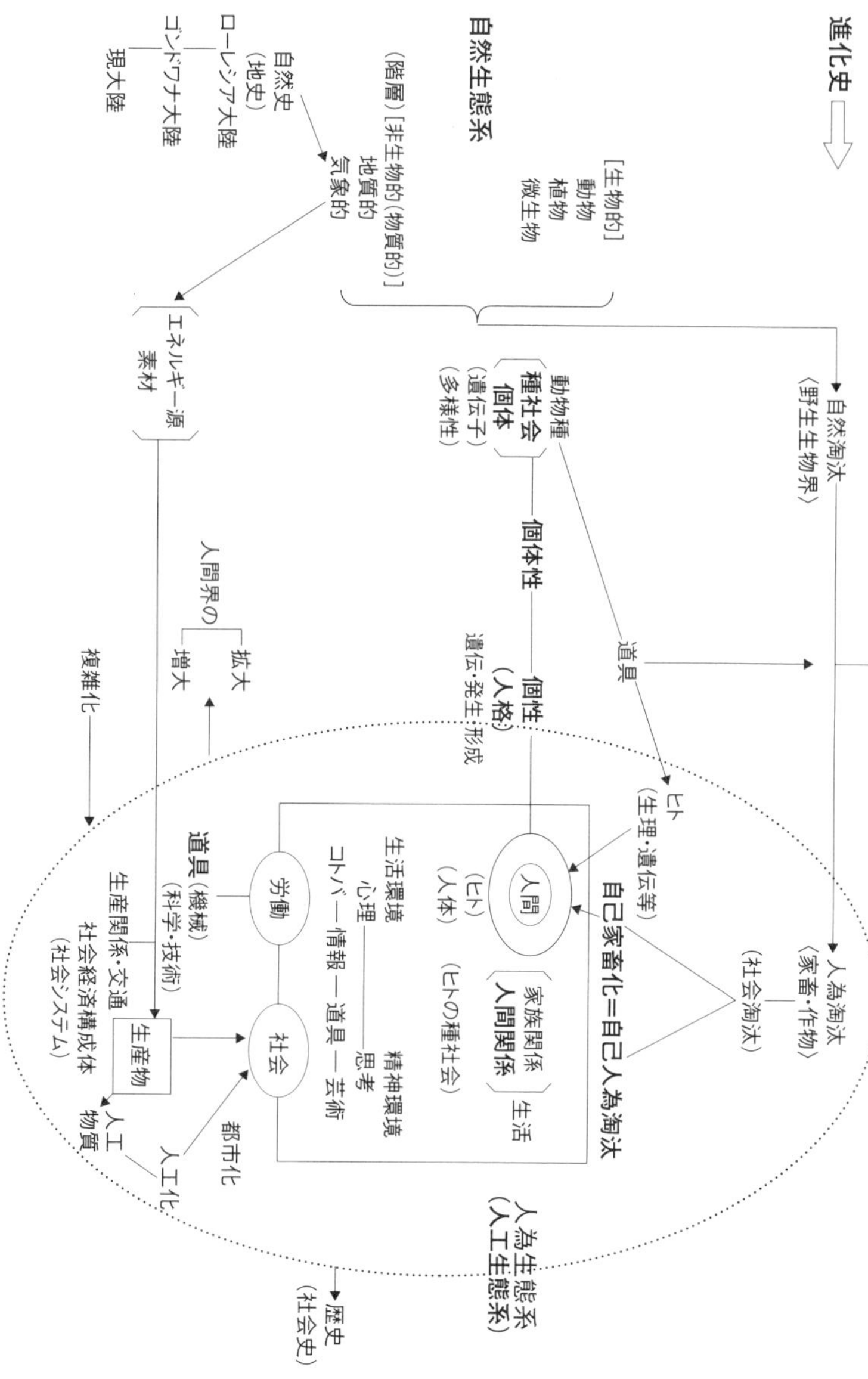

図1.1　自然（学）の視点からの人間の存在（小原秀雄）

この表出そのものが論議を呼ぼうが、人間を自然の側からとらえるときに、自然科学だけではなく自然哲学と自然科学を含め、より広く諸法則性から見るために自然「学」によるとしたのである。

具体的には、現代の社会も人間も、そのすべてが社会史の営みにより成立したのであるが、それはまたすべて自然に由来して、自然史を経ている。自然界から社会を、自然史に基づき人間のはたらきでつくり出し、誤解をおそれずにいえば、人間の自然性をも含め自然が社会化[2]された結果である。人間は生物から由来し、進化の結果人間と成り、人間の社会システムや生産物とにより、社会を、そして人間の世界を生み出し成立させ、維持している。現実の人間界は社会史とともに、その下部というべきか基底に自然史を含んで成立している。人間（ヒト）は、自らつくり出したさまざまな道具によって〝自然淘汰の結果〟人間化した。生物界の法則性である相互適応と相互進化によってである。そのキー概念は、道具の製作と使用にある。すべての人工的な社会的文化的生産物は、人間が道具によって自然（道具じたい）を改変してつくり出したものである。相互適応と相互進化とは、道具を介して人間が自然との間に生み出したはたらきであり、特殊な相互進化・相互適応であるが、その特殊性は道具による。道具は自然の延長でもあり、また人工化されているので、ヒトの手と体の延長でもある。道具は人間とヒトとを人間（ヒト）として構成する媒介の要でもある。

自然の側からの人間像を描くには、生態的な自然界の中でヒトの祖先が人間化する特殊進化に、その物質的根拠として道具の製作使用の普遍的生活様式化があり、進化の法則性に基づく特殊な淘汰のはたらきがあるとみなすべきである。この過程において、人間が労働という主体的協同社会的はたらきを対象に対して成しとげたこと、科学と技術が生まれたことがあり、ここではその指摘にとどめたい。視点はあくまで「自然」であるから。その発展として道具が機械文明、交通、情報、人工物質などへと分化して質量ともに増大して、いっそう深くそれに依拠していくヒトが、ついには自らを資源化するまでに至った。そのような状況下では、淘汰による適応進化はどのようになるのであろうか。それが私をとらえた問題意識であった。道具の製作使用を介しての自然の社会化と文化の出現による人間化であり、人間（ヒト）化である。

3 総合人間学を求める相互関係

いわゆる近代化から、生産の質量の増大など物的発展は二十世紀後半から二十一世紀にかけて社会経済的に世界に拡がった。自然学の視点から見れば、先進国と途上国での差異はあるが、全体的には現代の人間社会が「モノ」で人間環境を構成するようになった。機械、器具、情報、その他人間の生産物が人間の身心をとりかこみ、「モノ」中心の世界がほぼ完成した。そのなかで、人間の存在が具体的に規定され、自然もその影響を受けつつある。これが質的に変わった現代の「モノ」による人間界となったのである。

一九七〇年代にさかのぼるが、ストックホルムの人間環境会議（一九七二年）に代表されるように環境問題が世界的潮流を成した。人工化に代表される人間環境の変化による自然の社会化（人為化）の進行は、ヒトを人工物質などによる「現代的檻」へと囲い込み、社会的な食物供給や生活環境の機械化による実質的管理調節など、安定化した均一の環境のなかに依存して生きる自己家畜化状況へと規定した。その結果、精神世界も自己家畜化して、社会的文化的な既成の状況に順応し、感性も衰退しつつ、一部は欲望の企業的煽りに即して肥大化する。本来哺乳類の一種としてのヒトのもつ生理と生活要求に基づく生活様式もまた、人工的な企業化した条件に適応していく。生活物質や情報など、すべてが人為化人工化しつつある。こうした生活環境と遺伝的形質が相互適応し、現代人の行動様式、生活様式、思考まで、囲い込みに規定されていくからである。各地域の人為化した生態系（社会）に適応し、地域の風土に適応してきた伝統的な文化・生活様式、ひいては存在様式も、経済社会のグローバリゼーションと大量生産大量消費による画一化によって、さらに変容しつつある。

その方向は、基本的に西欧文化による機械化、人工化である。公害や自然破壊と表現される危険信号的変化を、科学技術によって改善しつつも、自然性の回復には程遠い。理念的には自然回復や現実の「自然さ」の必要さが指摘されながら、現実にはその実践の具体化は地域やNGOによる微弱な動向でしかない。

自然史的にヒトが受け継いだ形質とその生態を含めた存在様式は、単に形態にみられる類人猿的なものだけでなく、狼少女のフィクションとポルトマン信奉に示されるヒト観(3)ではなく、種社会を成り立たせている生物界とそのなかで種を維持する生活様式の進化的変化との連続性である。人間の生活様式の特殊進化においては、ヒトの祖先の生態の特殊性が自然学的に全体的にとらえられねばならないが、とくに個性の発達、その多様性の人間的特殊進化がみられる点を指摘したい。自然界における生物世界は、現在数千万種の生物の関係から構成され、それぞれが地域生態系、種、個体の多様性を備える。人間は高等動物としての多様さを直接的に留意すべきは、この無限といえる多様性が、生物の基本的属性の一つである点だ。進化にともなって、ヒトにその行動の個体性まで含めて目にすることができるが、他の種は研究が必要となる（従来の「博物学」の再評価）。近縁な哺乳類では明らかな個性の発達、環境としての自然の生物界との相互関係に基づく人間へと連続する進化としての自然の〝準備〟（こう表現してよければ）があったことである。それらは数千万種で構成される自然生物界で適応し生存してきた性質（多様性による淘汰を経た多様性の発展）を含んでの、自然性の未知の形質として内化している個性、個のレベル（遺伝子レベル）での多様性である。遺伝子や脳研究によって、生物現象のヒトとの連続する共通性が明らかになっているが、それに基づきながら現象する個性や生起するさまざまな行動など、あるいは異常などが、人間がつくった社会や文化との相互関係で成立する。この特殊的な仕組みが、人格の基本的基礎にあるのであろう。この視点の論理化が、総合人間学の一つの課題だと思う。

三〇年来続けてきた人間（ヒト）とその構造の統合性、自己人為淘汰と自己家畜化論に基づく、人間（ヒト）

と社会、環境といった視点は、拙著『現代ホモ・サピエンスの変貌』（朝日新聞社、二〇〇〇年）にまとめてあるが、ここでは「モノ」である道具（それには言語、生活用具「フロやおしめ、クシ」での人間（ヒト）として統合例などを含む）のもつ意義と、多様性の進化をふまえての個性の発達を提起したい。現代の人間の世界は「モノの一大集積場である」といえ、それをとおしての社会や文化の自然性を問い直す視点でもある。現代は人間社会がつくったモノが人間を支配する。支配に至るその社会史はここでは問わない。いうまでもなく、社会科学の視点からは、モノは商品であり、人文科学の視点からはモノは情報や言語、精神的所産である。これらについてはここではおく。

モノはすべて道具から派生した。人間化にあたって従来、「労働」が、また最近では「言語」と「脳の大型化」が要因とされる。しかし、これらはすべて道具を介した結果である。道具については詳論はおくが、道具製作使用の最初は、創、作、造のはたらきが「知」に基づいて、手と脳、そして眼のはたらきによる技能・技術で実現し、労働による実用、価値を生み、人間に美と喜びなどをもたらしたのだ。

科学・技術の発展が社会経済構成体の変化発展に関連しあい、それにともなってつぎつぎと生起する現代では、「モノ」の世界の変化発展が限りなく続く。その方向と具体化とは予測不能でさえある。このようななかでの多様化がヒトとの間に起こす相互関係（適応と進化を含め安定化、保存をめざす関係も）が、どのようなものであるか。単なる従来の社会問題、心理・精神上の解釈を越えて、深い総合人間学の現実的課題として絶えず生起しつづけるだろう。このような基本的法則性と現象との間の関係を問うことにこそ、知への要求とその再生の可能性もあると信ずる。

人間のすべては進化によって生起し、構造化し、それゆえに歴史的である。

［付記］
人間（ヒト）と自然および自然環境については、三〇年来の研究と実践の課題でありつづけているので、別の機会にまとめてふれたい。

注

（1）総合人間学の「総合」の一つの特性は、筆者なりにいえば、生活や個人の内面に生ずる諸問題、人生論や宗教や信念などを対象としての考察にほかならない。社会科学上の基本的視点「労働」の具体化もこれらの中に含まれる。

（2）社会化について：一般には社会集団への諸個人の同化過程。教育関係では、社会化とは生育の過程で社会的諸条件のもとに習得により社会性を得ることをいう。ここでは、社会科学に基づく、人間社会のもつ仕組みのもとにその影響を受けて変容することをさす。

（3）①狼少女のフィクションとは、インドでの狼に育てられた人間の子アマラとカマラの物語である。心理学者の紹介であり依然としていまだに一部の学者にすら事実と信じられている。人間の子は後天的な成育によって人格形成がされるということが示されたというのである。しかし細かな説明は拙著（前出）に譲るとして、欧米ではるか以前の学術誌に調査報告がのせられ（Ogburn, W. F. and N. K. Bose, On the trail of the wolf-children. *Genet. Psycho.Mon.*60: 117-193, 1959）て以来、この話は否定されている。オオカミに育てられた事実はない。

②A・ポルトマンの「人間の特別未熟説」はより広く信じられている。しかし、説の誤りはやや複雑で、多くの動物学的誤認に基づいている。この誤りについても拙著その他に詳細をゆずるが、ヒトの子が感覚器官が発達しているのに、移動などの運動の能力が未発達である点に、ヒトの人間としての開かれた可能性があるとしている。しかし、サル類、とくに類人猿でも類似の発育段階で新生児が生まれており、その他ナマケモノやアリクイなども同様である。各種の哺乳類の新生児は、すべてその種の生活様式に適応した特徴的な形質（部位）が発達して生まれてくる。しかも共通に成獣（オトナ）に比べて一般に頭が大きくて丸い（K. Lorenz の有名なモデル）。歴史性を重んじ、進化を尊重するならば、ヒトの子もその系統に位置づけられる。そして人間の子の特殊性は社会的に生産された道具に基づいて発達して生み出されるのであり、手の自由（しがみつくかわりに）はそれを根拠づけている。毛を失ったヒトの形質（しがみつき難い）と道具とが人間の特殊性を生んだのである（第2巻に再論）。

第2章　宇宙から見た人間

小尾信彌

1　宇宙論と人間

人間は現代宇宙論とどのようにかかわっているのだろうか。宇宙論とは、宇宙の構造と進化を論ずるものだ。ギリシャからコペルニクスの頃まで、それは太陽系の構造を論ずるもので、その外側を囲む恒星天は別世界であった。この別世界が宇宙論に組み入れられたのは望遠鏡が使われる十七世紀に入る頃からであるが、後で述べるように現代の新しい宇宙論が可能になったのは二十世紀からである。ここで、現代宇宙論の人間像を列挙しよう。

(1)　人間の存在は、一四〇億年もの長大な時間をかけて宇宙の中で準備され、地球環境の中ではぐくまれてきたものである。

(2)　宇宙から見ると点のような小天体に、宇宙の時間ではいまの瞬間を生きる。

(3)　この数百年の間に急速に進んだ科学と技術によって、人間は宇宙のほぼ全域を観測し理解し、誕生以来の進化の大筋を理解した。

(4)　宇宙を観望し考えることが、科学と技術を含む今日の文化を導く原動力となった。

②　新しい宇宙論の原動力

二十世紀の初め、宇宙についての知識はほぼ銀河系内に限られていた。宇宙の大きさや構造はまったくわからず、太陽の熱源や進化も不明であった。二十世紀に新しい宇宙論を構築できたのには、二つの理由がある。

第一は、新しい技術に支えられて宇宙の観測が格段に進んだことである。それまでの屈折望遠鏡に代わり、二十世紀には大反射望遠鏡の建造が可能になり、第二次世界大戦後には口径が四メートル以上の望遠鏡が、そして一九八〇年代以降は口径一〇メートル級の新技術採用の超大型望遠鏡の建設が進み、今や宇宙のほぼ全域が観測されるようになった。

他方、第二次世界大戦後からの電波観測も新しい技術で画期的に進み、一九六〇年代には宇宙開発が進むなかで地球大気圏外からの観測で、大気に邪魔されて地上には届かないX線や紫外線、赤外線等の領域で天体や宇宙の観測が実現した。こうして天体や宇宙は、光で見る静的でおだやかな側面のほかに、活力に満ちた激しく活動的な側面を見せることになり、われわれは宇宙の本当の姿を知ることになった。

新しい宇宙論を可能にした第二の原動力は、二十世紀に興った新しい物理学である。相対性理論により、絶対的な時間、空間ではなく、「物質やエネルギー、重力と一体になった時間や空間」を考えることになり、宇宙の空間と時間を具体的に扱うことが可能になった。

また量子力学によってわれわれは、ミクロな世界を解明する手段を獲得し、原子や分子、原子核の研究が進んだ。こうして星の大気や内部を調べ、中心部での原子核反応や、反応の進行にともなう星の進化も解明され、宇宙における元素の起源や進化も明らかにされた。七〇年代には素粒子の研究も進み、超高温の初期の宇宙さえ理解されようとしている。

3　宇宙を概観する

太陽系　太陽の重力を受けて公転する天体の集団で、八個の惑星、数十万個の小惑星（多くは火星と木星の間を公転）、海王星の外側を回る多数のカイパーベルト小天体、惑星を回る多数の衛星、一〇億以上の彗星、惑星間空間の微粒子（ダスト、流星物質）である。太陽と地球の間は一・五億キロメートル（一天文単位、光速度で五〇〇秒）で、もっとも外側の惑星である海王星の軌道半径は約三〇天文単位である。

太陽は地球の約三三万倍の質量で、太陽以外の太陽系全天体の質量の約七〇〇倍である。約一六〇〇万度の中心部では水素の核融合反応（水素反応）で熱が放たれている。約四六億年前に誕生した太陽は、この原子力でなお数十億年輝く。

銀河系　太陽のように自分で輝く恒星（以下、星と略す）の質量は太陽の〇・一〜五〇倍程度で、光度（全放射エネルギー）は太陽の10^{-5}〜10^{5}倍程度である。太陽にもっとも近い星の距離は、四・三光年（一光年は光が一年に進む距離で約九・五兆キロメートル）で、肉眼で見える星は数十〜数百光年の星がほとんどである。

われわれの回りでは、およそ二〇〇〇億の星が薄い円盤状に集まっている（銀河系）。直径は約一〇万光年で、約二億年の周期で自転している。太陽は中心から約三万光年にある。

星間の空間には、〇・〇〇一ミリ程度の固体微粒子（ダスト）が混入した気体（ガス）があり、ガス星雲（たとえばオリオン星雲）や暗黒星雲をつくっている。分子雲と呼ばれるガス星雲は質量が太陽の一〇万倍にも及び、内部で若い星ぼしが誕生している。若い星ぼしとともに、寿命を終えた星の残骸である超高密度のコンパクト星（後述）が、強い電波やX線を放って活動を続けているものも少なくない。

銀河系中心部の直径一・五万光年程度の膨らみ（バルジ）には、星や星間物質が密集し、中心には太陽質量の二〇〇万倍程度の大質量ブラックホールが電波や光等で活動している。

星や星間物質は光を放ったり吸収するので望遠鏡等で直接観測できるが、質量をもち周囲に重力を及ぼすことだけで存在が確かめられている物質（ダークマター）が、陽子や中性子でできた普通の物質の五倍程度以上も存在すると考えられている。銀河系の星全体の数倍ものダークマターが、銀河系全体を包むように分布しているという考えもある。

宇　宙　銀河系の外には、数えきれない銀河が果てしない空間に見られる。これがわれわれの宇宙である。観測される範囲には一〇〇〇億以上の銀河がある。銀河は一〇億〜一兆程度の星の集団で、渦巻き型や楕円型、レンズ型、不規則型と形はいろいろで、他に非常に小型の矮小銀河も多数あるらしい。

銀河の中心には太陽質量の一〇〇万倍程度のブラックホールが予想されている。中心部のきわめて小領域から通常の銀河の一〇〇倍程度の強い光を放つクェーサーの中心には、太陽の一〇億倍も重いブラックホールが予想される。

銀河は一般に、数十から数百が集まって銀河群や銀河団をつくっている。さらに銀河団や銀河が集まった超銀河団（一万程度の銀河を含む）が知られている。現在の宇宙は、超銀河団、銀河団、銀河、そして星、という階層構造をなしている。そして、光や電波等で観測できる、これらの天体をつくる普通の物質の数倍にも及ぶダークマターの存在が、このような大規模な階層構造の形成に大きな役割を果たしたとも考えられている。

宇宙の元素組成　現在の宇宙の天体、天体間の物質等は九二の元素でできている。これらの元素は、宇宙誕生直後の元素合成に始まり、星の形成と進化、超新星爆発など、多くの物理過程の連鎖を経て変化してきた。ここで宇宙の元素組成とは、現在の平均的組成のことである。

主成分は水素（H）とヘリウム（He）で（質量比で約三対一）、それ以外（重元素と呼ぶ）は合計で質量比が二％

程度である。重元素を質量比で多い順にあげると、酸素（O）、炭素（C）、ネオン（Ne）、窒素（N）、マグネシウム（Mg）、ケイ素（Si）、鉄（Fe）、硫黄（S）である。これにHとHeを加えた一〇元素が、宇宙でも地球上でも主要元素である（Feより原子番号の大きい六六の元素はきわめて微量で、ニッケル（Ni）など四元素を除くと質量比で水素の一億分の一以下）。

宇宙の大局的な特徴

(1) 観測されるかぎり、宇宙は大局的に一様かつ等方である（宇宙原理）。

(2) 遠い銀河はどれも、距離に比例した速度でわれわれから後退している（アメリカのE・ハッブル、一九二九年）。宇宙原理により、無数の銀河は相互の距離に比例する速度で互いに後退している、と表現することができる。

(3) 宇宙には、あらゆる方向からほぼ同じ強さで飛来するマイクロ波電波（波長約一ミリ）があり、絶対温度に換算して二・七Kのエネルギーをもつ光子であり、放射のエネルギー分布が黒体放射《こくたいほうしゃ》の分布なので、二・七K宇宙背景黒体放射という（アメリカのA・ペンジアスとR・ウィルソン、一九六五年）。（Kは絶対温度の単位で、約マイナス二七三℃を０Kとし、℃と同じ目盛りで示す。）

二・七Kの黒体放射の光子の数密度は、一立方メートルあたり約四億である。一方現在の宇宙を平均すると、物質粒子（陽子と中性子、核子と呼ぶ）の数密度は一立方メートルあたり〇・六程度で、光子の数密度は核子に比べおよそ一〇億倍である。この割合は宇宙誕生一秒の頃から現在まで変わっていない。数では光子は物質粒子を圧倒しているが、二・七Kの光子一〇億のエネルギー密度は、核子一個のそれの約一五〇〇分の一である。宇宙が現在の一五〇〇分の一の大きさで温度が約四〇〇〇Kの頃に、放射のエネルギー密度と核子のそれが等しかったことがわかる。それは宇宙の誕生から三〇万年の頃で、それ以前の宇宙は放射（光子）優勢で、それ以後は現在まで物質優勢の宇宙である。

4 膨張宇宙とその転期

宇宙の無数の銀河間にはたらく作用は重力であり、重力が宇宙の形や動きを支配する。地球や太陽系のような弱い重力場では、ニュートンの重力理論はきわめて有効だが、全宇宙のような強い重力場では無力であり、そこで有効なのは一般相対論である。宇宙原理を前提にアインシュタインの方程式を解いたのはロシアのA・フリードマンである（一九二二年）。このモデルによれば、宇宙は、膨張を続ける、膨張の後に収縮に転ずる、収縮を続ける、のいずれかであり、アインシュタインが予想した静的モデルは存在しなかった。

その後二九年にハッブルの法則が発見され、宇宙は現在膨張の段階にあり、銀河が占めている宇宙の空間が至るところ一様に膨張していると考えられることになり、三〇年代には膨張宇宙の考えが広く受けいれられた。

銀河の後退速度は距離に比例して増大するので、遠い銀河の後退速度は光速度に近づき、われわれはそんな銀河を観測できなくなる。その距離はおよそ一四〇億光年で、そこがわれわれにとって宇宙の〝地平線〟である。現在、日本の〝すばる（口径八・二メートル）〟など世界最大級の望遠鏡では、後退速度が光速の九五％程度の銀河等が観測されている。地平線の距離を光速度で進むには一四〇億年かかる。宇宙が過去に同じ速度で膨張を続けたとすると、一四〇億年以前には宇宙は小さな部分に収斂していたことになる。このことから、一四〇億年は、〝宇宙の年齢〟の目安である。

さて、膨張宇宙を過去に遡ると、背景放射の温度は宇宙の大きさに逆比例して高くなる。前述したように、宇宙の大きさが現在の一五〇〇分の一の頃に温度は約四〇〇〇Kで、宇宙全体が今の太陽に近い高温度の可視光（オレンジ）で満たされていた。そのエネルギー分布は、太陽光と同様に黒体放射の分布である。

宇宙の主成分である水素はこの温度では核（陽子）と電子に電離しており、自由な電子は光をよく散乱するので、光は直進できない。それで、これより初期の宇宙は光が直進できない、見通すことのできない不透明な宇宙である。温度が下がるこの時期以後は、電子は陽子に捕獲され水素原子をつくり、光は電子に散乱されずに直進し、宇宙は透明になった。われわれが現在見通しているのは、そんな不透明な四〇〇〇Kの初期の宇宙である。

宇宙がこの温度であったのは、誕生から約三〇万年である。それ以後宇宙は一五〇〇倍にも膨張し、宇宙を満たしていたオレンジ色の可視光は波長が一五〇〇倍に延びて約一ミリのマイクロ波電波となり、二・七Kの背景放射として一九六五年に検出された。波長は延びて温度は下がったが、エネルギー分布は今も当時の黒体放射の分布を保っている。

これこそ、人間が見ているもっとも初期の宇宙である。なんの天体も見えないが、一九九二年と二〇〇三年にアメリカの背景放射観測衛星により、放射の温度には約二・七Kの平均値に比べ、ごく僅かの温度（密度）のゆらぎが観測され、これが現在の宇宙の大規模構造の種になったとも考えられている。

前述のように、約四〇〇〇Kを境に、宇宙は放射優勢から物質優勢へと転換した。宇宙は誕生から約三〇万年のこの時期に、不透明から透明に、そして放射優勢から物質優勢へと、大きく転換した。

5 ビッグバン宇宙の創成

膨張宇宙をさらに遡ると、宇宙はどんどん小さくなり、熱くなる。宇宙誕生から三分目ではおよそ一〇億K、一秒目には約一〇〇億Kになる。一九四六年頃、G・ガモフ（一九〇四年ロシアで生まれ、一九三三年ソ連から西側へ亡命、一九六八年米国で没）は、宇宙をどんどん遡ると超高温、超高密になるから、そんな小さな宇宙が爆発的に膨張を始め、大きな膨張速度を初期の条件として与えればフリードマンの膨張宇宙が実現すると考え、その大爆発を〝ビッグバン〟と呼んだ。そして初期の物質を中性子と考え、中性子の崩壊による陽子と中性子の反応で宇宙の全元素が約二〇分でつくられたと考えた（αβγ理論、一九四八年）。また、そんな灼熱状態の名残りの放射が現在、五～七Kのマイクロ波背景放射として全宇宙を満たしていると考えた（一九五一年頃）。

その後の研究で、初期の灼熱の三分間でつくられたのは水素とヘリウムだけであることがわかった（宇宙の九八％はこの二元素）。ガモフが予想した背景放射は一九六五年に検出され、ガモフの〝ビッグバン〟が確立した。

ではビッグバンはどのように始まったのか。膨張宇宙の一秒目は一〇〇億Kであり、それ以前はさらに高温度である。後に銀河や星をつくる物質は、すべて核子（陽子、中性子）や、それを構成するクォークなどの粒子である。素粒子が宇宙の構造を決めることになり、一九七〇年頃から初期の宇宙が素粒子物理学と一体になって研究されることになった（粒子宇宙論）。

現在の宇宙には、〝強い力〟、〝電磁力〟、〝弱い力〟、〝重力〟、の四つの相互作用（力）が知られている。およその強さは、1、10^{-2}、10^{-13}、10^{-39}、と桁違いに異なり、電磁力と重力は古典的な遠距離力である。これに対して、核子を原子核内に束縛するような強い力、原子核の崩壊を引き起こすような弱い力は、原子核内ほどの距離しか届かないミクロな力で、二十世紀前半に知られたものである。

現在宇宙で起こるすべての現象はこの四つの力で起こるが、宇宙はこの力で生まれたのではない。宇宙にははじめからこれらの力があったのでもない。時空が量子論的にゆらいでいた誕生直後の宇宙で重力が生まれ、時空が一般相対論で記述されるようになったのは、〝プランクの時間〟である。これは、自然界のもつ基礎物理定数の重力定数G、プランクの定数h、光速度cを組み合わせて導かれる宇宙の最短時間で（10^{-43}秒）、このときの温度10^{32}Kは宇宙の最高の温度である。

その後宇宙は急速に冷え、空間が相転移して次々と新しい力が生じた。プランクの時間で10^{-33}センチであったミクロな宇宙は指数関数的な膨張で一センチのマクロな宇宙へと膨張し、このインフレーション期の終わりに、強い力と弱・電磁力が現われた（10^{-36}秒、10^{28}K、大統一理論）。このとき、物質と反物質の僅かな差が生じた（後述）。この急激な膨張で、宇宙の空間は一様で平坦になった。その後10^{-11}秒（10^{15}K）で弱い力と電磁力が分かれ、四つの力が揃った（ワインバーグ-サラムの統一理論、一九六〇年）。こうして一秒目までに、陽子、中性子、電子や光子などの粒子と、それら粒子間の四つの力（作用）が揃い、その後の宇宙への準備が整った。

ここで揃った物質粒子が、後に宇宙の全天体をつくるのだが（もちろん地球も人間も）、このことは実は不思議である。すべての粒子には反粒子があり（電子には陽電子、など）、粒子と反粒子が衝突すると消滅してエネルギー（光子など）ができる（対消滅）。もともと粒子と反粒子は対称的存在だから、強い力とともに現われた粒子と反粒子は、対消滅ですべて光子になるのが順当に思える。つまり、今の物質宇宙にはならず、光子だけの宇宙になったほうが順当である。それなのに物質と反物質の僅かな差が生じ、物質宇宙ができたのはなぜだろう。

この宇宙では数密度においては光子が圧倒的に多く、一〇億の光子に対して粒子はたった一程度で（前出）、それが全天体をつくっている。宇宙に粒子と反粒子が現われたとき、完全には対称的でなく、一〇億に一個程度、物質粒子の方が反物質粒子より多くて、ほとんどが対消滅して光子になった後に一個だけ物質粒子が生き延びて、今の物質宇宙をつくったのだ。

その理由はよくはわかっていない。しかしともかく、一秒を過ぎた超高温の宇宙は光子の海に僅かな核子をうかべて膨張を続け、三分の頃までに陽子と中性子が次々に結びついてヘリウム核をつくり、水素とヘリウムの割合は、質量比で約三対一（数の比で約一〇対一）で、その他にごく僅かな重水素、ヘリウムの軽い同位核、リチウムなどをつくった。宇宙における水素とヘリウムの割合は、現在もほぼ同じである。

ここで、一秒目とか三分目とは、どこから計った時間なのか、という疑問が生じる。プランクの時間以前は時間・空間がゆらいでいて、時間とともにものごとが変化するという〝時間発展〟の概念も定義できない（時間のあと、さきの概念もない）。ゆらぎに支配された混沌の状態があったと考えるべきで、宇宙は時間の流れの中で現われたのではなく、時間とともにつくられたと考えるほかない。

6 元素の起源と進化

太陽や地球をはじめ、現在の宇宙をつくっている元素は、誕生直後の灼熱の中でつくられた水素とヘリウムは別として、いつ、どこでつくられたのだろう。

ビッグバンから数億年経った宇宙には、数えきれない銀河が形成され、その一つがわれわれの銀河系である。銀河系では約二〇〇〇億の星が形成された。星の中心部（一〇〇〇〜三〇〇〇万K）で起こる、主成分の水素の核融合反応（四個の水素核が次々に融合してヘリウム核となり、このとき二個の陽電子が放たれる）で放たれる原子エネルギーで星は輝く。この段階を〝主系列星〟といい、星は寿命の大部分を安定したこの段階で過ごす。

中心部の水素を消費すると老年期に入る。星は光としてエネルギーを放つと、中心部がつぶれて高温、高密度になる構造をしており、水素反応の燃えかすである中心部のヘリウムは一〜二億Kになり、ヘリウムの反応（ヘリウム核三個が融合し炭素をつくる）で熱を放つ。ヘリウムが枯渇すると中心部は再びつぶれて八億Kになり、炭素が反応して酸素、ネオン、マグネシウムなどより重い元素が合成され、それが再び次の反応の燃料として使われ、どんどん重い元素が合成されていく。反応が起こるのは星の中心領域で、星の外層部には水素が残され、その内側にはヘリウムと、中心部から順に、重い元素が殻のように分布する。

こうして中心部が四〇億Kになる頃には鉄が合成されるが、鉄は核子一個あたりのエネルギーが最低の安定した核で、融合反応で熱を放つことはなく、星の進化はこの段階で終わる。もっとも、すべての星で反応が鉄まで進むわけではない。太陽の重さ程度の星では、炭素が合成されたところで、それ以上反応は進まない。重い星ほど中心部が熱くなり、より重い元素が合成され、中心部で鉄の合成まで進むのは、太陽の約一〇倍より重い星である。

老年期に入ると星は、外層部がどんどん膨らみ、それまでの数十倍以上の光度に輝く〝巨星〟や〝超巨星〟として一生を終わる。寿命がおよそ一〇〇億年の太陽は、数十億年でこの段階に達する。質量が太陽の数倍までの星では、巨星の段階で希薄な外層部を流出し、超高密度（$>10^6$ g/cm^3）の〝白色矮星〟となる。質量が太陽の約一〇倍以上の星では、中心部にできた鉄の芯がつぶれて五〇億K以上にもなり、鉄の原子核は熱を吸収してヘリウム核と中性子に分解する（Fe → 13 He + 4 n）。熱の吸収で星の内部は重力崩壊し、それが星全体の爆発に転ずる。これが〝超新星〟の爆発の一つの型で、太陽の一～一〇〇億倍もの光度に達する。星全体が吹き飛んだり、崩壊した中心部が〝中性子星〟や〝ブラックホール〟として残る。中性子星の密度は10^{14} g/cm^3程度で高密度のため原子核も溶けて中性子の天体となり、白色矮星やブラックホールとともに〝コンパクト星〟と呼ぶ。

超新星の爆発で吹き飛んだり、老年期の星から流出した物質は、星の内部で合成された重元素とともに星間の物質中に混ざる。その結果、水素とヘリウムの星間ガスの中に、炭素や窒素、酸素、マグネシウムやケイ素や鉄などが混入する。超新星の爆発では、爆発時の高温度のなかで、星の内部ではできなかった多くの元素が、爆発の数十秒の間に合成される。また中心部の鉄の分解で発生する多量の中性子が鉄などの原子核と反応して、鉄より重い多くの元素をつくる。

これら重元素の混じった星間物質中で次の世代の星ぼしが生まれ、それらの星の内部で合成され、また超新星爆発でつくられた元素は再び星間物質を汚染し、そこで再び次の世代の星が生まれ、進化する。こうして銀河系の中では、他の無数の銀河の中でも、星の世代交代が繰り返され、元素が進化してきた。太陽の寿命は一〇〇億年程度だが、質量が太陽の一〇倍、一五倍の星の寿命は、二〇〇〇万年、一〇〇〇万年ときわめて短かく、星の世代交代の効率は良い。その結果、はじめ重元素がゼロだった銀河系も、今から約五〇億年前には、重元素の総量は質量比で約二%と、現在の太陽や地球に見られる量に達した。

7 太陽と地球の誕生

およそ四六億年前、銀河中心から約三万光年の渦巻腕に沿う冷たい星間ガス雲の中で、太陽が誕生した。雲の中で密度の大きい部分が自分の重力で収縮し、解放される重力エネルギーの一部が表面から赤外線で放射され、やがて原始星となる。重力エネルギーの一部は内部を暖め、原始星が急速につぶれて内部の密度、温度が上昇し、中心部が一〇〇〇万Kを超えると水素反応が始まり、安定した主系列の太陽となる（ゼロ歳の太陽）。

星間雲の濃い部分が自己重力で収縮するとき角運動量が保たれるので、中心の原始太陽と、その周りの回転する円盤という構造が自然に形成された（原始惑星系円盤）。円盤は、太陽から遠ざかると密度が小さく厚くなり、総質量は太陽の一%程度である。成分は〇・〇〇一ミリ程度の固体微粒子（ダスト）が混ざった星間ガスである。ダストの主成分は、太陽から約三天文単位（火星と木星のあいだ）を境に、内側は温度が高いので岩石質（ケイ酸塩や金属）、外側は氷（水、アンモニア、メタン）に岩石ダストが混入した。太陽からの距離によるダスト組成の違いが、次に述べるように地球型惑星（水星、金星、地球、火星）と、巨大ガス惑星（木星、土星）、巨大氷惑星（天王星、海王星）の違いとなった。

原始惑星系円盤では、ダストは円盤の中心面に集まってダスト層を形成する過程で衝突合体を繰り返して成長し、数キロの塊（微惑星）を数十万年でつくる（数百億個）。太陽を中心に、半径が〇・一光年以上に及ぶ巨大な球殻をつくる彗星の巣や、海王星の外側に数百以上見つかっているカイパーベルト天体は、氷質の微惑星の生き残りとされる。

微惑星は太陽を回りながら衝突合体して原始惑星に成長する。そして原始惑星どうしの衝突で、太陽から三天文単位の内側では地球型惑星に、三〜一〇天文単位では地球の一〇〇倍程度の巨大ガス惑星（主に水素とヘリウム）の木星、土星、二〇天文単位より外では地球の一〇倍程度の巨大氷惑星（水、メタン、アンモニア）ができた。

こうして約四六億年前に、太陽を回る三番目の惑星として地球が誕生した。自転軸の傾きで四季が、自転の周期で一日が生じた。地表の温度は、太陽からの放射の量と、大気中の温室効果ガス（水蒸気、二酸化炭素、メタンなど）の量に依存し、その量や成分は地球の地学的進化や地球上の生物進化に左右されたが、生命の発生、進化に好都合な太陽系唯一の水惑星《みずわくせい》として安定した。

太陽にとって、誕生以来の約四六億年は寿命の約半分で、中心部の核燃料（水素）は約半分に減っている。その効果で太陽放射は誕生以来二〇％程度増加し、地球を温暖化させてきた。太陽の進化が続くなかで、水惑星としての地球の存続にはいずれ限界がくる。

太陽放射と宇宙からの放射を受け、さまざまな地学活動の影響を被るなかで、多くの偶発的な要素に左右されながら、この水惑星上におよそ四〇億年前に生命が誕生した。成分や温室効果が変化する大気に包まれ地学的に変動する地球上で、太陽活動や宇宙放射の影響を受けながら、多くの偶発的な要素に左右されながら物理、化学、生物学的な過程を経て、この惑星上に人間の直接の祖先が現われた。

8 人間にとって宇宙とは何か

人間にとって、地球を含む宇宙が自然環境のすべてである。人間の文化の多くがこの自然環境のなかで育ってきたことは、たとえばS・アーレニウスの『史的に見たる科学的宇宙観の歴史』（寺田寅彦訳）に詳しい。七千年も昔のカルデア人による星占いとかかわって生まれた星座、星占いのための太陽、月、惑星、星座の観察から天体運行の規則性が注目され、それはギリシャの天動説を経て、コペルニクスの地動説、やがてニュートンの重力則へと発展した。こうして精密な数理科学としての力学が成立し、これにうながされるように十九世紀には電磁気学や熱学など古典物理学が展開された。

一方、ニュートンに始まる分光学は、十九世紀の実験的研究を経て、太陽の、やがては宇宙の元素分析に進んだ。また太陽の連続光のエネルギー分布の研究で導入されたM・プランクの作用量子は量子論を興し、量子力学へと発展した。量子力学は原子、分子から原子核の研究に進み、太陽熱源の解明から星の進化、進化した星での元素合成、そして宇宙における元素の起源や進化を明らかにした。一方、量子力学に先だって展開されたアインシュタインの相対論は、宇宙論や高エネルギー天体の研究を可能にし、具体的な成果をあげている。

他方、宇宙の観測のための技術の開発も目ざましい。一例をあげよう。一九五七年七月に始まる国際地球観測年のために打ち上げられたソ連とアメリカの人工衛星は、一九六〇年代からの宇宙開発のなかで大気圏外の宇宙観測を実現し推進する一方、社会的、軍事的利用の拡大で、世界の政治、社会から個人の生活までを根底から変えた。

人間がこの宇宙にどのようにして現われたかの道筋は、ここに述べたことで理解することはできる。はじめの一秒で、現在の宇宙を構成する粒子と、それらの相互の作用が整ったとしても、その後は物理法則に忠実に従っただけで人間を含む現在の宇宙に至ったのではない。あらゆる場面で、偶然や確率的要素が介在した。たとえば地球が太陽の第三惑星として誕生する際、公転軌道が少し内側あるいは外側だったり、質量が少し小さかったり大きかったりしたら、太陽放射と大気の温室効果に敏感な地球上の温度や環境は大きく変わり、生命の発生や進化はもちろん、地球が水惑星であることさえ疑わしい。人間は、宇宙進化のきわめて微妙なバランスと偶然が重なるなかでの存在であり、存在は奇跡というほかない。

そもそも物理定数や物理法則が現在の宇宙のものであるから、奇跡とはいえ人間が現われ、母なる宇宙をそれなりに理解している。その意味で、この宇宙は自覚している、といえる。物理定数や物理法則が異なる宇宙があっても、人間が現われないなら、そんな宇宙はわれわれにとって存在の意味はない。人間でなくても、その宇宙の存在を認識する知的生命がまったく存在しないとすれば、そんな宇宙はないのも同然であり、存在の意味はないともいえる。実際、宇宙が現在のような宇宙であるのは、それを認識する人間が存在するからだ、と主張する立場（人間原理）もある。

9 やがて終わる宇宙の自覚

宇宙進化のなかで現われた人間が、宇宙のほぼ全域を眺め、その現状と誕生以来の歴史の大筋を自分なりに理解している。宇宙の一要素が宇宙を理解していることであり、宇宙が自覚していることである。その意味で、宇宙にとって人間は特異な要素といえる。もちろん、自分たちなりに宇宙を理解している知的生命が、銀河系内に、また無数の他の銀河内に、現在、あるいは過去や未来にどれだけ存在するかはわからないが、そのことは、またそれら知的生命がもつ宇宙についての認識の集積も、人間にとってはほとんど無意味である。

しかし、宇宙はいつまでも自覚してはいない。誕生から百数十億年の現在、宇宙の物質の大部分は銀河に、そのほとんどは星として存在している（銀河の時代）。そして、たとえば人間のような知的生命が現われ、自覚する宇宙が実現している。しかし銀河の時代はやがて終わる。星に寿命があるためで、太陽質量で一〇〇億年、その五倍の質量で一億年、重元素の供給に有効な一五倍なら一〇〇〇万年程度である。寿命の終わりに星は相当部分の物質を星間物質中に還元し、超高密度のコンパクト星を残す。汚染された星間雲中では新たな星が生まれ進化する。こうして星間物質を新陳代謝の場として、星は世代を繰り返してゆく。

やがて銀河系は老化する。星間物質の老化と、コンパクト星の蓄積が原因である。星の内部で合成された重元素で星間物質は汚染され、星の主燃料の水素が減って重元素が増える。また星が残すコンパクト星は、若い星の材料として再利用できない銀河系のカスである。この二つの原因で、星の世代交代はやがて止む。およそ一兆年であり、輝く星の大集団としての銀河系の寿命は終わる。その頃までに多くの銀河で予想される知的生命も終末を迎える。こうして無数の銀河は、黒色矮星（白色矮星が余熱を放った残骸）や中性子星、ブラックホールなど暗黒なコンパクト星の巨大な集団となる。宇宙が自覚することはもうない。

銀河系内では、無秩序な運動の暗黒星どうしが近接遭遇で散乱され、一方は銀河系からはじき出され、他方は中心部に落ち込む。10^{17}～10^{19}年の時間で、銀河系の約半分の星が系から蒸発し、残りは中心に巨大なブラックホールをつくる。さらに10^{23}年たつと、銀河団も蒸発して崩壊し、宇宙の巨大構造は消滅する。残るのは、空間に一様に散る暗いコンパクト星と、巨大ブラックホールである。素粒子の統一理論では、黒色矮星や中性子星も永遠の存在ではない。物質には終末がある。10^{32}年が経過するなか、ブラックホール以外のコンパクト星は陰陽の電子となって宇宙の空間に蒸発し、陰陽の電子は対消滅して光となる。

こうして残るのはブラックホールだけとなり、あとは一様に空間を満たす光（電磁波）とニュートリノだけである。ブラックホールも量子論的効果でゆっくりと蒸発して、電磁波となる。太陽質量で寿命は10^{63}年程度、寿命は質量の三乗に比例するので、銀河系中心にできる巨大ブラックホール（太陽の一〇〇〇億倍）の寿命は10^{96}年程度である。こうして暗黒の宇宙に残るのは、電磁波とニュートリノと対消滅を逃れた僅かな陰陽の電子である。そこでは何も起こらないかも知れない。時間の概念にどんな意味があるのかもわからない。

10 宇宙にとって人間とは

一四〇億年余り前に時間とともに誕生し、過去とは比較できない長い未来をもつ宇宙にとって、人間とはどんな存在なのか。銀河の時代といわれる現在、宇宙の主要な成分は銀河であり、それを構成する星である。銀河系形成から一〇〇億年近くたち、重元素形成がやや進んだ頃に誕生した平均的な星である太陽を回る水惑星上で誕生した生命の、数十億年の進化のあとに現われたのが人間である。

これまでの生物と違い理性と知恵を具え、原子力を解放し、地球の重力を断って太陽系内を自由に航行し、自然環境に影響を与えるほどの科学と技術をもつに至った人間が、いつまで存続するかは不明だが、宇宙論的に長いことはありえない。進化する太陽の放射がゆっくり増大するなかで、地球が水惑星で存続するのは宇宙論的には短い時間である。それから数十億年で老年期に入った太陽の熱い放射によって、地球型惑星はどれも蒸発して星間物質中に還元される。

宇宙からみれば人間は、無数の銀河の一つの、数えきれない星の一つを回る点のような冷たい天体上で、銀河の時代のごく初期に、宇宙論的には一瞬間だけ現われた特異な存在である。人間のなかには、ビッグバン以来の宇宙の根跡がみられるが、人間が宇宙に残すものはない。ただ、今の宇宙は、人間の存在によって自覚していることだけは、宇宙にとって無意味ではないし、人間を宇宙の特異な存在としている所以《ゆえん》である。

第3章　生物学から見た人間

長野　敬

1　生命のとらえ方、略史

本稿では、生物学から見た生命観——そして人間観——の略史を心がける。ただしここでは、一般的な基礎をなす生命観が話の中心となるだろう。生物学から人間を見るとき、進化を主軸とする視点は欠かせないもの、むしろ主要なものの一つであり、それは本シリーズ第2巻第1章で補いたい。ここでの大筋は、(a)生命のそのままの受容、(b)生命を物質の基礎のうえで理解しようとする機械論と、そこから析出してきた生気論、(c)化学機械としての生命、(d)機械論の難問題としての発生と遺伝、(e)遺伝子の本体がＤＮＡと突きとめられたことと、分子生物学を軸とした新展開、そして(f)分子生物学的な生命像の人間観への波及、となる。ほぼ(a)〜(f)の項目にそって記述を進めるが、各節の項目などが上記と一対一に対応するわけではない。

アニミズムと「生命の力」

太古には、自然界全般に生命が潜在している、あるいは行き渡っていると感じられ、受け取られていた。アニミズムの世界である。身のまわりの動物などが、なぜそこに存在しているのか。普通にはそれらは親からの産卵とか出産を経て生じてくるが、特殊な状況のもとでは、そこらあたり（環境・宇宙）に遍在している「何か」

がたまたま結集して自然発生が起こることも、とりわけ不可解とは受け取られなかった。

原始の人々の行動原理としてのアニミズムと、自然の解釈において生命原理（生命力）のようなものの遍在を認めることは、同じではない。しかし両方に通ずることとして、生きている「ゆえに、〜する」という発想がある。栄養、成長、生殖、運動、刺激と反応のような基本的な特性を、掘り下げてその理由を詮索するよりも、むしろそれらを出発点として、世界を見ていこう（自然の解釈）、あるいはそれらに基づいてものごとを進めよう（行動原理）というのが、共通点といえるだろう。ここでは行動原理として、つまり民俗学的な意味でのアニミズムをうんぬんすることは本旨でないので、生命原理の理解という面だけを議論の出発点とする。

生物のうちでも、とくに人間が自分と同質、仲間と感じるのは、植物よりも動物に対してである。ことに肉眼で細部がはっきり見分けられる存在は、ひとたび生まれてしまえば、そこには右に列記したような基本的な特性が当然備わっていると受け取られて（〜するのは、生きているからである）、疑問の出発点とならない。それゆえ動物の自然発生の否定は、本稿で論じようとする生命観がそこから開けてゆくドアの一つだった。

アリストテレスは、魚類一般が卵から孵化することを、当然ながら一般原則として認めていた。しかしそのうえで、ウナギに限っては話が違うという。

「ウナギは交尾によって生まれるのでも、卵から生ずるのでもない。明らかにそうなのである。なぜならある池沼では、完全に排水し底の泥をさらっても、雨が降るとまたウナギが出てくるからである。……海や川の中でも、ことに腐りやすい所にはこういうものが生ずるので、海では海藻のあるような所、川や沼では岸のあたりである。」（アリストテレス『動物誌』）

明らかにそうである、などと力まなくてもいいのにとは思うが、彼のこだわりには次の二つの根拠があった。
(1)これまで身近に観察されたウナギで、卵を抱いていたり、雄の生殖巣が発達している例は観察されたことがない。(2)陸上の草原などで、水中にいないウナギが観察されることが稀でない。いま引用した個所では、主張はおもに(1)の根拠とつながっているが、他の個所では(2)にもふれている。

この判断には、当時としては「合理的」な根拠があった。(1)については、性成熟した成体ウナギが身辺で観察されないのは現在でも事実である。西洋のウナギの場合、成魚は大西洋をはるばる降って、バーミューダ海域沖合の深海で産卵する。性成熟は回遊の長旅の間に進む。産卵場所を突きとめたのはデンマークのヨハンネス・シュミットであり、アリストテレスから二千年を経た一九二〇年代のことだった。稚魚は親ウナギとはまるで似ていない透明な木の葉のような形態で、別種として「レプトケファルス」という学名まで貰っていた。これが成熟ウナギの幼形であることがわかってきたので、シュミットは海洋調査で幼魚の大きさを調べ、生育段階ごとに大西洋上に同心円を描いて、いっそう幼いものが得られる海域ほど産卵場所に近いはずだという「合理的」な推論から、同心円の収束する場所を追い詰めていって、産卵場所を推定した。

(2)に関しては、湖沼にいるウナギは未来の産卵場所に赴くとき、水から出てもしばらく平気なので、濡れた草原などを横切ってまず最寄りの川に到着し、そこから川を降って大旅行に出発する。だから陸上で目撃されるのも、当然ありうることなのだ。

ウナギは魚としてはいくらか風変わりな体形だが、それでも一見して魚の仲間であることはわかる。だからアリストテレスにしても、形態や水に棲むという生態などの常識的な根拠から、抱卵している雌が発見されていなくてもやはり卵生だろうという別種の「合理的」な推定もできたはずだ（海洋調査からの推論という近代科学の合理性は別として）。しかし彼はそれと別の、観察事実に密着した「合理的」推定の方を選んだことになる。そこには、自然のうちに遍在する「何か」から生命体が生じてくる「自然発生」ということが、抵抗なしに受け入れられるという素地があった。

ただし、先の引用で「こういうもの」が生ずるとアリストテレスが言ったのは、ウナギそのものではなかった。彼は「大地のはらわた」と称しているが、たぶんミミズのような蠕虫《ぜんちゅう》をさしていたようだ。これが育ってウナギそのものになるという。さすがに、一人前に育ったウナギがいきなり自然発生することには抵抗を覚えたのだろうと思うとおもしろい。蠕虫くらいの、たかが虫けらの世界では、生命と「無生命」の境界は容易に乗り越えられた。むしろ境界自体が、湿った暗い地面の下などで、曖昧にぼやけていた。こうした常識的な通念は、やがて十七世紀にイタリアのF・レディが、ガーゼで肉片をハエから遮断しておくとウジが「湧かない」という明快な実験を行うまで、王手詰めが掛からずに生き延びた。自然発生の否定を、さらに厳密に細菌の世界まで追い詰めることは、十九世紀中葉のL・パストゥールを待たねばならなかった。

2 機械論への移行と生気論

不完全な移行——ハーヴィーの場合

素朴な観察で見分けにくい曖昧な世界では、こうして生命と「自然」は通じ合っていた。しかし実験家の目で対象を調べ、その時々なりの科学的な「合理性」を背景として、生命のはたらき、その表われ方に説明を与えようとする活動が重なってゆくにつれて、曖昧さの範囲は狭められていった。ただしこれは、現在の立場から整理して振り返るほどすっきり一直線に進んできた道程でなかったことに、注意しなければならない。

ウィリアム・ハーヴィーは一六二〇年代に血液の循環を明らかにした。実験観察の手法と、量的な測定と、合理的な推論を駆使した初期の研究として名高い。心臓から拍出された血液は静脈の弁によって逆流が妨げられていて、しかも一回に押し出される血液量と拍動数を掛け合わせると、たちまち体重の何倍にもなる。だから、血液は潮の満干のように出入りするのでなく、循環して心臓に戻ってこなければつじつまが合わない。腕を縛って静脈の鬱血を見た「実験」による証明なども、みごとなものである。彼はまた、心房から心室を経て大動脈へと血液が流れる心臓ポンプの動きの順序を追うのに、低体温で動きが遅く、また体形（したがって心臓も）が細長いので心房と心室を区別しやすいヘビを観察対象にしたりしている。彼は実際に毛細血管で循環回路のつながりを確認したのでなく（まともな顕微鏡が使えなかったのだから当然）、観察や計算や推論から結論を導いた。

ハーヴィーについて、こうした「近代性」がもっぱら強調される。しかし、では循環する血液（そしてそれを循環させる心臓）は、生命維持のうえでどんな機能を果たしているのか。この点については、彼の考えは近代的というには遠かった。ハーヴィーの業績評価の足を引っ張るつもりで、こうしたことを言うのではない。A・L・ラヴォワジエによる酸素の発見はまだ一五〇年先のことだから、ハーヴィーに呼吸の担い手としての血液という観念が生ずるはずはなかった。それならば、血液循環の役目はなにか。彼によれば心臓は身体の真の中心であり、そこで生ずる「生命の熱」が、循環によって配られて、全身に生命を与える。生命の熱というのを、どんな意味にせよ、体内での緩やかな燃焼というラヴォワジエの目で見たりすることは、ハーヴィーにとって贔屓の引き倒ししかないだろう。

彼は『血液循環』（一六二八年）の献辞のなかで、太陽が宇宙の中心であり国王が国の威信の中心であるように、心臓は身体の中心であり、だからこの小著は王に献呈するにふさわしいと言った。王の侍医であり、王室の庭の鹿なども自由に実験に使うことのできた彼だが、お愛想を言っているのでなしに心底そのように信じていたのだろう。彼は、ようやく本格的になろうとする生命研究の世界で、最後のアリストテレス主義者の一人だった（アリストテレスにとって、心臓こそ生命の中心であり、脳は、心臓で生じた生命の熱を冷ますラジエータにすぎなかった）。心臓の作用はポンプとして理解できるが、これによって駆動されるのはただの液体でなく、生命の熱を帯びて生命力を運ぶ担い手としての血液だった。「ハーヴィーは、そのすぐれて近代的な論文の中で、機械論〈的に〉対象に近付いてみせたが、……機械〈論者〉として人々に語りかけることをしなかった」(川喜田愛郎)。ハーヴィーは後に、大著『動物の発生』(一六五一年)を書いた。その扉には有名な絵が描かれている。ゼウスが卵型の容器の蓋を開き、そこから獣、鳥、人間までいろんな種類の生物が飛び出している。容器には「すべては卵より(ex ovo omnia)」と書いてある。この「卵」も、循環の研究における血液と同じく、現代そのままの平面に置いて理解されるものとは違う。やはりまだ、「自然」のなかに遍在する生命の力が動物を発生させるというのが、この図柄の含意だった。

完全な移行への努力——デカルトの場合

彼と同時代のR・デカルトはハーヴィーの血液循環の研究を高く評価し、これを自分の思想体系に組み込んだ。しかし彼は、ハーヴィーがおそらく文句を言いそうな取り上げ方で、「機械〈論者〉として人々に語りかける」道具の一部分として、それを利用した。とくにデカルトの場合には、ポンプとしての心臓というとらえ方などもさることながら、神経系のはたらきということ、具体的には刺激と反応というテーマを「機械論〈的に〉扱う」企てが重要だった。

神経は「神経液」に満たされた中空の細い管であり、そこを刺激が通って脳に達し、応答を引き起こすというのがデカルトのイメージだった。脳頂部にある松果体は、刺激を受け取ると、これを体部のしかるべき場所に逆送する(図3・1)。これは現代に通ずる刺激=応答の原型だが、しかし中空の管とか神経液とか松果体の役目とかは、空想の産物にすぎない。このパターンが脳と神経の現代生理学へとどのように洗練されていったかは、いまの主題ではない。またこのパターンが、外側から作用する「もの」と内側で応答する「こころ」の二分法を確立させたことも、さしあたり議論の傍らに置いておく。

むしろいま取り上げたいデカルトの役割は、通称の「機械論（メカニズム）」という語が示しているように、機構（メカニズム）として生命の仕組みを解析してゆく姿勢を、はっきり定式化したことだ。ただし解析は、その対象がとらえられる限度内でしか行うことができない。

限度内でということは、限度の外側では、やはり「生き物だから、～する」という伝統的な理解で済ませることである。機械論の領土拡張につれて、生命現象のなかで、伝統的な理解は羽振りを利かせにくくなった。しかしせめてこの部分は、という権益確保をはかったのが、生気論（vitalism）だった。これは古い伝統から引き継いだ遺産だから、アニミズムの流れを汲んでいる。生理学思想をたどったT・S・ホールの『生命と物質』でも、十八世紀の前半を「アニミズムと機械論」と要約している。ただし生命理解の歩みを整理するうえでは、むしろ機械論の確立に応じて（あるいは抗して）、あらためて自己主張を始めたのが生気論だとして別に位置づけることも、わかりやすいだろう。十七世紀から十九世紀にかけては、機械論と生気論のパッチワーク、そして後者から前者への移行の時代と総括できる。

縮小を続ける領土の確保どころか復権をめざして、逆向きの「反

図 3.1
デカルトの反射の概念。足先の火の刺激が、脳の松果体（P）に達し、足先は引っ込められる。連絡は、「中空の管」である神経を通る神経液による

動的」な努力を傾ける例もあった。詳しくはホールの本などに譲るとして、代表的な一例に十八世紀初期ゲオルク・シュタールがいた。化学の歴史の方でも、彼は「フロジストン説」を唱えた人として芳しくない名を残しているが、生命の理解についても、もともと化学の出身であるのに、晩年に近づくにつれて「化学はすべて医学の理論には無益である」と言い放ち、「生命医学的霊魂」という発想を強調した。現在からみると、まるで半世紀後にラヴォワジエによって爆撃されて跡形もなくなるはずの砂上の建物をむきになって築き、そのことによって生命の理解に逆説的に「寄与」した人物とでも言いたくなる。

付　論——ミクロ世界の発見

顕微鏡が十七世紀以来もたらした大きな寄与を、便宜的にここで簡単にまとめておく。オランダのA・レーウェンフック（一六三二～一七二三）はその長い一生にわたって、広い範囲の観察を（ゾウリムシその他の微生物から骨格筋の横紋、ウナギの尾鰭の毛細血管を通過する赤血球の流れ、人間の精子まで）、素朴な手紙スタイルでイギリスの王立協会に報告した——ただし彼が自作した愛用の「顕微鏡」は、レンズ一枚の高性能虫眼鏡だった。イギリスのロバート・フックは『顕微鏡図（ミクログラフィア）』（一六六五年）を刊行した。そこで提唱された「細胞（cell）」の名称は、彼はコルク樹皮の死んで空虚になった小部屋につけた名前だが、やがて元来の生きた内容物をさすようになって、今に続いている。

話が先回りになるが、こうして開かれたミクロの世界は、十九世紀のドイツのM・J・シュライデンとT・シュワンによる「細胞説」の提唱、同世紀末にはR・コッホによる結核菌などの病原細菌の発見と、パストゥールによる免疫学の開拓、二十世紀に入っては大腸細菌とバクテリオファージのセットでなされた初期の分子生物学の進展など、伝統的な博物学や「マクロ」な個体の生物学と対照的な方向に生命の視界を拡げ、またその理解を推進するための道具としても利用された。

3 化学システムとしての細胞

デカルトの機械論は、その当時に見合って、ねじと梃子《てこ》とゼンマイの力学的機械をモデルとしていた。そうした機械は概して単純な部品から組み立てられている。生体では「単位部品」である細胞自体が複雑で、それ自体が生きていることや、こうした構成に基づく柔軟性などの特性は、力学的な機械によってはうまくその真相に迫ることができない。真相への真の肉薄は、細胞培養が成功し、また電子顕微鏡と超遠心分離機で細胞内微小構造体（オルガネラ）が詳しく研究できるようになった二十世紀に入ってからであり、その手前に——これも時代の流れに応じて——、生物を力学的でなく化学的システムとしてモデル化する段階があった。その口火を切ったのはラヴォワジエだった。

ラヴォワジエは酸素による燃焼の理論でフロジストンを最終追放するとともに、生物にもこの考えを当てはめて、呼吸は体内での「光を伴わない緩やかな燃焼」であるとした。彼はラプラス（『天体力学』の著者である物理学者）と共著で、石炭とモルモットは同量の熱を発生するときに同量の炭素を放出するという論文を書いた（一七八〇年）。ただし「燃焼」の原因である細胞内の代謝は、この時期にはまだわかっておらず、ラヴォワジエは、空気の取り入れ口である肺で燃焼が起こると唱えた。しかし数学者のラグランジュは、これでは肺が高熱になって焦げるという批判を寄せた（当時はまだ、生物学のある側面では、他の分野の科学者も議論に自由に参入できたのだ）。

燃焼の場所については、肺よりは体内に入った血液で行われるとも論じられたが、結局ラヴォワジエの一世紀後に、カエルの血液を全部生理食塩水で置き換えても呼気に二酸化炭素（炭酸ガス）が出てくることが実証されたことなどから決着がついた。この場合、酸素で分解されるべき材料物質（呼吸基質）は細胞の中にしか存在しないのだから、呼吸の場所は細胞の外側を流れる血液をさらに一歩踏み込んだ細胞内部なのだ。では細胞内部では何が行われているのだろうか。

十九世紀には、タンパク質の本体がようやく明らかとなりプロテイン（「第一のもの」）という名前が提唱され（J・ムルダー、一八四〇年）、核酸も同様に研究、命名され（最初の名前はヌクレイン。F・ミーシャー、一八七〇年）、酵素がタンパク質性のものであることやその作用の仕方も次第にわかり、細胞内部の楽屋裏に、照明が当たるようになった。そこから一世紀間、二十世紀前半までは、生命理解における生化学の時代と呼ぶこともできるだろう。細胞はその内部に各種の微小構造体（オルガネラ）を含み、酵素作用の複雑なネットワークの運行によって物質を変換・合成し、呼吸基質から活動のエネルギーを取り出し、それによって生きているシステムなのだ。

これは細胞をミクロ化学機械と見ると納得のゆくイメージだ。この生きた「複雑な単位」から、全体が組み立てられているのだ。だがそこに、解決すべき大きな宿題が残る。細胞は現にここにあるが、それは、小石が昔から常にそこにあったというのと同じ意味で、常に存在していたのではない。分裂してきた手前の細胞、そしてさかのぼれば最初の受精卵を通して、親の世代から生成してきたものだ。遺伝をとおして親と同じものが生成する。「遺伝子」がそこで鍵を握っていることは、メンデル法則の再発見（一九〇〇年）以来、生物理解の常識に位置づけられた。しかし生化学は、ミクロ化学機械としての細胞についてあらゆる知識を与えたのに、遺伝子の本体とはたらきについては、鍵をとらえきれなかった。鍵は細胞核内のDNA、例のミーシャーの「ヌクレイン」にあった。

4 「最終解決」としてのDNA

二〇〇三年に科学雑誌はこぞって、二重らせんモデルの五〇周年を記念して特集を組んだ。遺伝情報はDNA→RNA→タンパク質という一方向性に流れるとする分子生物学の「セントラルドグマ」(二重らせんモデルをつくった一人でもあるF・クリックの命名)の公式が、二十世紀後半に、遺伝を理解する基礎をもたらした(RNAからDNAに情報を逆流させるレトロウイルスのようなものもあるが、ここでの大筋の議論とは別の話)。らせん階段型のDNAモデルは、世の中の常識の一部に組み込まれた。生物学自体の多くの面が、遺伝子のはたらきとか配列(DNAでは塩基、タンパク質ではアミノ酸)に基づいて理解されるようになった。具体的な二、三の展開を、以下に列記してみる。

(a) 進化での類縁関係を、配列の合致度から論ずる分子進化という分野が新たに開けた。

(b) 個体発生と形態形成でも、遺伝情報の総体のうちから妥当な部分だけが時間割に従って発現してゆく経過として、それを理解する分子発生学という研究分野が急成長しつつある。

(c) 精神作用、心のはたらきを物質レベルでどう見るかは、いくら議論しても果てしのない永遠の問題と思うが、精神作用が脳に依存しており、脳が神経細胞のネットワークに依存しており、そして神経細胞がそこに含まれている遺伝子に依存しているという意味で、ここでも遺伝子が、具体的な土台の一部を与えていることは間違いない。

これらの展開については、別稿でさらに立ち入って具体的に議論を補いたい。ここではとりあえず、以下のように要約するにとどめる。

5 生物学から人間を見る

生物体（とくに動物）の機能は、まず可能な範囲で、力学的な機械としてとらえられた。そこから発して、この機械が硬質の単位部品から組み立てられたものでなく、動的で変通性に富む化学機構がその駆動・維持を担っていること、そして単純（に見える）受精卵からこの「機械」が生成する発生と遺伝の鍵をＤＮＡが握っていることまでの理解にいたって、分析的なアプローチによる生命理解の長いマラソンコースの道のりは、折り返し地点にようやく到達した。しかし折り返し地点は、再びそこまでわれわれが戻るべきゴールから、もっとも遠く離れた地点でもあることに留意しなければならない。Ｊ・モノーが「大腸菌で真実なことはゾウでも真実」と言ったとき、彼は、折り返し地点をゴールと勘違いしたのでなく、警句として言っただけと理解しておきたい。しかし二重らせんモデル発見以後数十年ほど、復路は往路を逆にたどるだけだから、すでに全部わかっていると思い込み、モノーの警句を額面通りに受け取る還元主義の時代精神が生命理解で目立ったことは、否定できない。この理解を動物からさらに先に外挿すれば、人間も当然その延長線上にくる。人間（人体）も、複雑精妙な化学機械であることは否定できない。しかし「人体」は「人間」ではない。

人間を際だたせていることの一面として、動物のうちでも複雑さの程度が高いということはあるだろう。複雑さは、生物の間にも格差が存在する理由の一面ではある。粘菌《ねんきん》に比べてゾウは格段に複雑で、構成する細胞の種類を見ても、それは言える。粘菌はごく少数の種類の細胞しか持たないが、ゾウは何百種類もの細胞からなっている。「ゾウはまた、多数の行動をとることができる。歩いたり、泥浴びをしたり子育て、樹をひっこ抜く、雄叫びをあげるなど。ところが粘菌は、ごく少数のことしかしない」（メイナード・スミスとエロシュ・サトマーリ『生命進化8つの謎』）。

しかし単に複雑さというだけならば、チンパンジーと人間の間に見るべきほどの違いはなく、ゾウと人間の違いも、むしろ質よりは量の差にすぎないかもしれない。しかし人間はゾウよりも、またチンパンジーよりも「多数の行動をとることができる」。人間は鼻で「樹をひっこ抜く」芸当はできないが、ブルドーザーを発明するという行動によって、はるかに大規模に地球を荒らしまわることができる。精神活動とか文明社会の構築という「行動」も、生物のなかで比類のないものがある。

前節の終わりに列挙した(a)進化、(b)発生と形態形成、(c)精神作用などは、生命理解がＤＮＡの折り返し地点からすでに復路に入ったことを意味している。そしてとりわけ人間は、ここに列挙した復路の要素のうちでも第三のものにおいて、特色がひときわ際だっている。われわれは、化学機械としての細胞と、遺伝情報の担い手としてのＤＮＡにまで達した解析的な生命理解を高く評価すると同時に、これが復路における人間理解に直結するとはかぎらないことを、再確認しておく必要があるだろう。

第4章　人類学から見た人間像

江原　昭善

1　自然人類学の自己矛盾

自然人類学の麓に立って以来、すでに五〇年余り。その間いつも、筆者はかなり深刻な悩みにつきまとわれていた。べつに人類学の定義を云々せずとも、「人類学」というかぎり、人間の科学的探求にその目標が置かれているのは自明のこと。まして、自然科学の一分野である自然人類学では、当然のことながら「科学」という枠組みのなかで人間探求を行うということであり、出発点から自然科学という枠に大きく制約されていることになる。だからその制約の壁から先での思考は、自然人類学の領域を踏み越え逸脱することをも意味する。それゆえ、人間の科学的探求では、その制約上、いびつな人間像しか得られないということになってしまう。

あるときは、このような限界や壁などを無視して、つまり自然科学の壁を踏み越えて、もっと自由に「人間」を考えてみようとさえした。今から考えてみると、二十世紀は科学と技術の時代とさえいわれるほどその影響は大きく、「人間」はモノに力点をおいた流れの中に呑み込まれ、疎外される傾向が目立ってきていた。そのようなことから無意識のうちにも、その傾向に反発して、人間を広く考えるようになっていたのかもしれない(1)。

一歩譲って、人間を科学の対象として客観的に理解するのはよいが、いつの間にかプラトン主義の呪術にかかって、抽象的な人間像を追っかけているような傾向が強くなっていた。

このように考えてくると、プラトン流の普遍的人間や抽象化された人間など幻想にすぎず、そんな人間は頭の中か書物の中にいるだけで、現実にはどこを探してもいるはずがない。だからまことに的確に、ロマン主義の代表者のひとりゲーテは、次のように指摘した。

「人間は男か女、大人か子供、さまざまな人種や民族のなかの一人として具体的に生きているのが人間であって、いうなれば、一人ひとりが人類という一大オーケストラのなかの不可欠の楽器のひとつであり、人類という全体を構成するために必要な、平等の価値を持つ一構成員なのだ。だから大編成のオーケストラを、たった一台のチェロだけで代表させるようなわけにはいかないのだ。」

ちょうどそんなあるときに、私はフロイト派の精神分析学者ゲザ・ローハイムの「人類学者は人類を見ようとせず、人間をも見ようとしない」という痛烈な批判に出くわした。それ以来、自然人類学ではその目的や研究対象上、科学の枠組みからはみ出ても、逸脱ではなくて脱皮だと考えるようになった。

だからゲザ・ローハイムの批判はまことに当を得たもので、全的な人間を対象にするかぎり、自然科学やその一分野である自然人類学では扱いえない人間の精神活動や美的・芸術的活動や、道義的・宗教的活動などは、切って棄てることになるからだ。

「人間」を対象として研究する人類学に、このような重要な制約があること自体、ゲザ・ローハイムならずとも、人類学が内蔵する自己矛盾だといわざるをえないのだ。

2 人類学的知の転換

骨の形態学が筆者の専門だが、このことに気がついて以来、骨の観察そのものも大きく変化したことに気づいた。骨をモノとして見るのでなく、かつては生きて行動していた持ち主の身体の一部だと考えるようになっていたのだ。ちょっとした特徴も、生前にどのような機能を果たし、どのような意味をもっていたのかということを探るようになっていた。

人類学はまるで雑学的にいろんなことをやっているように見えるが、逆に人間とはそれほど幅広く奥深いということでもある。筆者の場合も、人類学という制約された箱の壁が邪魔になり、それを押し広げていくうちに、次から次へと第二、第三の壁が立ちはだかり、気がつくと（自然）科学の壁を大きく踏み越えていた。そしてその外には人類学を包括した、さらに大きな世界があることを知った次第である。その大きな領域では、自然科学だけでは知りえない人文諸科学や哲学や芸術や宗教までがかかわる広大な世界であることを知るようになった。ではあるが、知の大海で波のまにまに漂う行方定まらない木ぎれでなく、あくまで自然科学的な人類学から脱皮し人間を見ていこうという足場を見失わないことが大切なことはいうまでもない。片足はいつもしっかりと人類学という領域に軸足として据えておかなければならない、と思うようになった。そのようなとき、ふと毎日行っている研究が、変わってきていることに気がついた。

3 狭量な実証主義から脱皮して

一般的にいって、自然科学では自明のことながら、実証的態度が重視される。単なる思いつきだけでは、そのような指摘は科学的には承認されない。実験系の分野になると、ことさら実証性が大切になってくる。だが、それだけでは現実問題が処理できないことが多いものだ。薬害問題などでも、証拠を提示せよといわれても、その実証的結果が出るのは二世代や三世代待たなければならない。だからたとえば、推論だけでごく近い未来にある程度その弊害が予測できるとしても、それだけで薬の生産をストップさせ、経済的政策を転換させるほどの力や説得性をもたないことが多い。それは、場合によっては一企業はおろか一国の産業を大きく停滞させることにもなりかねないからだ。たとえば、二酸化炭素の排出が人類の生存に大きくかかわることは明らかで、それゆえ国際的に急務として取り決められた京都議定書ですらも、一国の産業の方が優先され、規制の実施ができないくらいなのだから……。人類の存続と一国の一産業の盛衰とどちらが重要かは火を見るよりも明らかなのに、である。現にいま問題になっているアスベストも、広く利用されはじめた当初は、誰もが諸手を挙げて受け容れた。一部でその人体への悪影響が指摘されたが、その声は掻き消されてしまって、利便性ばかりが追求された。それがどうだろう、いまはもっと大きな負の跳ね返りとなって、人々に襲いかかってきているではないか。

実証性を強調するあまり、いつの間にかそれが狭量な実証主義に落ち込んでしまっている例もある。たとえば、人類の起源とか進化のように遠い過去の研究では、いっそう事態は複雑で実証主義だけでは行き詰まってしまうことがよくある。たとえばそのシンポジウムなどで、よく議論になるのが、「貴君の言っていることは、実証性があるのか？」「実証性のないことは言うべきでない！」という批判だ。その主張はやがて時間の経過とともに往々にして、頭の中で「実証できないことは、そんな事実は存在しなかった」ということにすり替わってしまうことがよくある。実証できないことは存在しないことではないはずなのに、である。枯れ葉剤と奇形出現の因果性、ダイオキシンと癌の発生などと違って、両者の因果関係や結びつきが明白ではないからだ。

ある時点で、猿人たちは言葉を喋っていたかどうか。言葉は発せられた瞬間から消えていく。そのようなソフト的特徴についての実証性はどうなのだろうか。だが、多くの傍証的特徴を積み上げていくうちに、言葉の伝達手段も皆無な状態でどうしてストーン・パイル（積石）を築くような共同作業が可能だったのか、伝達手段が皆無の状態で伝播や伝承が前提になる石器の存在は、どう解釈すればよいのか、に到達する。だから、狭量な実証主義にこだわっていたら、人間の起源（ヒューマニゼーション）や進化の核心部分がいつもこぼれ落ちてしまうではないか。

4　生の人類学

ところで、筆者の専門は先ほども少しふれたように、「骨学」つまり骨である。だが骨というと、人体のなかでも枯れ木のようなもので血も肉もなく、それだけに情報量も乏しい身体部分だと考える向きが多いようだ。頭骨などを見ていると、何か生前の恨みつらみを訴えているようで、あまり気分のよいものではないと思われがちだ。

ちょうどこの頃から、すでに述べたように骨を観るときに、それをモノとして見てはならないと考えるようになっていた。その骨はかつては、持ち主であった生き物の体内で、どういう機能を果たしていたか、その生物の行動とどのように関連していたかといったことにまで思いを馳せるようになっていたし、またそのようなことがある程度見えるようにもなっていた。それまでは、骨には複雑なでっぱりやへこみがたくさんあるが、でっぱりはその生物種のなかでは何パーセント存在したか、あるいはそのでっぱりの発達度は2プラスか1プラスかといったことを統計的に調べて比較するようなことに重点を置いていた。だが、そのような特徴が、生きていくうえでどのような意味をどの程度もっていたのか、ということを考える癖がついていた。

そのように見ることによって、今まで見えなかった生物の進化の道筋までが、ある程度見えてくるものなのだ。

5 進化のパターン

J・S・ハックスリー（一九五四年）は、生物界での進化を概観すると、三つのパターンが区別できるという。「分岐進化」と「向上進化」と「安定進化」だ。詳細（『服を着たネアンデルタール人——現代人の深層を探る』雄山閣、二〇〇一年参照）は省略するが、進化といえば一義的に分岐進化ととらえる人が多いようだ。たとえば人類の進化でいえば、いま一個の化石が発見されたとして、まずそれが人類の祖先かどうかという議論に集中する。あるいはAとBという二個の化石があったとして、どちらが人類の祖先や系統により近いかと議論する。これは一つの見方であり、大切な試みではある。だが、この見方は進化のうちの分岐進化の例だ。どこで人類が霊長類の幹から別れてヒトの系統になったか、どの系統からヒトは派生してきたかということに重点が置かれている。この見方は一般受けするし、それが人類の起源を論ずる唯一のキーワードだと思われがちだ。

しかし、別に次のような見方も存在する。向上進化の例だ。だがこの概念は注意しないとよく誤解される。筆者が京都大学に在籍中に、よく人類の起源や進化についてシンポジウムを開いてきた。人類の進化について議論していたときのこと。筆者が日本ではじめて向上進化の概念を導入した。そのとき、向上という概念には価値観が入っているのではないか、それは科学の領域では馴染まないのではないかと、ずいぶん強硬に反論されたものだ。

だが、それは誤解だ。この向上進化を最初に指摘し概念化したのは、スイスの生物学者A・ポルトマンだった。彼も同じ批判に出くわして、「では、ある種のネズミにも似た食虫類とその子孫であるチンパンジーとを、まるで同じレベルで扱いうるものかどうか、考えてみてほしい」と反論していた。脳の構造を見ても、生理的機能や形態や行動や心理を見ても、明らかに食虫類よりもチンパンジーの方が、はるかに勝っているではないかというわけだ。両者の間には高等と下等といってもよいほどの違いがある。それは価値観でもなんでもない、というわけだ。

人類の進化についても、向上進化という観点からは、分岐進化や系統進化では見えない姿が見えてくる。上記の分岐進化では、「いずれが人類の祖先か」ということに力点があるが、向上進化では、「いつ、どのようにして人類のレベルに到達したか」ということが問題になる。

以下では、この向上進化の観点に立って、「長い人類の進化のなかで、いつ人間というレベルに到達したか、その人間の資格はどういうもので、どういう条件なのか」ということを考えてみたいと思う。

6 人間の条件

現在では、人類という枠組みのなかで、人間のレベルに達していると思われる、ずいぶん多くの化石や文化遺物が発見されている。そのなかで、いずれが現代人に直接つながったのかという議論ではなく、たとえ系統や出自が違っていても、それぞれに人間というレベルに達したと思われる化石人類について（向上進化）、述べてみたいと思う。

いま国際的にも問題になっているイラク北部の地域に、シャニダールという洞窟がある。固定した国や領土はもたないけれども、遊牧の民クルド人がこの辺りを中心に季節ごとに移動しており、いまも周期的にこの洞窟を利用している。そのシャニダール洞窟でのできごとである。

一九六〇年のこと。日本では高度経済成長の真っ只中だった。東京オリンピック（一九六四年）を間近に控え、日本中は沸き立っていた。東海道新幹線もほぼ完成間際。その頃のことだが、シャニダール洞窟でたいへんな発見がされていたのである。そこで一人の老人の遺体が化石になって発見されたのだ。老人とはいうが、骨を鑑定してみると、だいたい三五歳から四〇歳。現在の基準でいえば、老人どころか、出るところに出れば、まだ若造扱いの年齢だ。だがこの時代ではすでに老人だったというわけだ。

発見状況を見ると、洞窟の底を浅くえぐるように掘り、馬の尻尾の毛が丁寧に敷かれてあって、その上に屈葬状態、つまり横向きに海老のように身体を曲げて、眠るがごとく横たわっていた。そして頭には石の枕がしてあった。周囲の状況をくわしく調べたが、洞窟内ではよくある落石の痕跡はまったく見当たらない。つまり、この老人はごく自然にその場所で亡くなった状況を示している。

その老人の身体をよく調べてみると、生前には右腕がまったく動かなかった。手首や肘も、重度の関節炎を患っていたことがわかる。さらにどうやら目も不自由だったらしい。このような不自由な体の老人が、八万五千年前の厳しい自然状況のなかで独りで生きていくのは不可能に近かったであろう。みなが助け合わなければ、そして共同で生活していなければ、とても生き延びてはいくことはできなかったはずである。

7 老人は埋葬されていた

この老人は状況から察するに、手厚く葬られていた。筆者はいま、日本福祉大学の客員教授も兼務しているのでとくに関心が強いのだが、これは人類の最古の介護の実例といってもよいのではないか。つまり介護の歴史は、ホモ・サピエンスの歴史でもあるということだ。

親しい人たちが、この老人の周りを取り囲んで、最後まで看取ったという状況がありありと浮かび上がってくる。フランスの女流考古学者が、この老人の頭部の周りの土をパリへ持ち帰って、顕微鏡でくわしく調べたところ、当時の季節の八種類の草花の花粉が見つかった。つまり、この老人が亡くなったときには、当時の色とりどりの季節的な草花で、頭の周りが飾られていたことがわかる。

8 死の世界の発見

これらの状況を深く読み取っていくと、その老人はそれまでは周りの人たちと言葉も交わしていたが、その返事がある瞬間から次第に弱々しくなっていった。ついに応答や身体の反応も示さなくなり、身体もだんだん冷たくなっていった。

老人は一体、どこへ行ったのだろうか。言えることは、いま自分たちが生きているこの世界とは違って、引き返すこともできない別世界へと入っていったらしいということだ。その老人を看取った者たちは、斉しくそう感じたに違いない。彼らは同じようなことを、すでにこれまでにも、幾度も経験していた。言葉での表現はともかく、その世界こそ「死」の世界だったのだ。

この化石人類は、旧人類ネアンデルタール人 *Homo sapiens neandelthalensis* だった。これ以前のレベルの人類は、すでにアフリカやヨーロッパやアジアに広く分布していた原人類 *Homo erectus*（この語は系統進化や分岐進化の概念でなく、典型的な向上進化の概念）である。そしていずれの原人類にも、いまだ埋葬したという痕跡も報告もない。

それが旧人類になると、いっせいに埋葬された痕跡や死者を見送った証拠が、あちこちの遺跡で見つかるようになった。先史遺物にもアムレット（護符）や呪術関係の遺物が豊富に発見される。これらのことから彼らはすでに死の世界を知っていたと考えざるをえない。つまり、彼らは時の流れの中で過去や未来を認識し、死の世界も知ったという点では、彼らの精神的世界はずいぶん大きくかつ立体的になったということもできよう。ネアンデルタール人になってはじめて、人間性の豊かな心というものも持ち合わせるようになったといえるだろう。

この世からあの世へと見送られた状況のなかで、この一族の人たちの間では喜怒哀楽の情がすでにあり余るほど発達していたらしい。というのも、同じ洞窟のなかで、何かきわめて人間的な動機で殺し合いがあったケースも発見されている。おそらく猟場の権利の問題や獲物の分配や男女の情のもつれからだろうか、同じ洞窟内で、殺した・殺されたの痕跡も発見されているのだ。ここを発掘した考古学者ソレッキーはその報告書の最後にこういって、締めくくっている。

「此処に住んでいたネアンデルタール人たちが抱えた精神的苦痛は、間違いなく私たち現代人が耐えなければならないものと同じであった」と。

9 人間の資格

もうここまで見てくれれば、ネアンデルタール人は名実ともに人間 *Homo sapiens* だと考えてもよいだろう。その前までの原人類や猿人類は人類であり、人間性の断片的な萌芽は見受けられるが、向上進化的にはまだ人間と呼ぶには問題が残る。

分岐進化では、原人類のどの系統からネアンデルタール人や現代人が出現したかという議論になり、話がたいへん複雑になる。しかし向上進化的には、そのような系統の議論をする必要はない。分岐進化では先祖と子孫を線で結んでいかねばならないが、向上進化では層序的に考えるので、どの祖先とどの子孫が線的につながるかということでなく、層的・段階的なレベルで考えればよいのだ。だから、原人どうしや旧人どうしの系統関係は、この際どうでもよいことなのだ。

10 人間性の萌芽を求めて

人類も含めて、霊長類はごく大ざっぱにいって二〇〇種。今ここに、いちばん原始的なサルを持ってきたら、はじめて見る人はネズミかなにかではないかと思うことだろう。もう一方の端では、ヒトも含めてゴリラやチンパンジーのような連中がいる。

今ここに一本の川が流れているとしよう。大部分のサルたちは川の向こう側に位置している。それに対して、川のこちら側にはゴリラやチンパンジーやヒトが位置している。つまり端的にいうと、ゴリラもチンパンジーも「広い意味では人類だ」と考えたほうがよいという意味だ。世界各国から霊長類のいろんな報告書が手許に来ているが、今ではゴリラやチンパンジーは人類に入れるのが当たり前になってきている。たとえば京都大学の霊長類研究所でチンパンジーを研究している人たちは、チンパンジーのことを、あの人この人と呼んでいるくらいだ。そこまで言う必要はないかもしれないが、現実はそれに近い。だから、うっかりゴリラやチンパンジーを指して、「猿だ!」なんていえば差別用語になるので、気をつけるべきだろう。

その二〇〇種類もいるサルたちのなかで、人類を特徴づけるものとして、「人類だけが未完成児を生む」ということが指摘できる。

いろんな生物が進化するとき、いちばん重要なのは繁殖戦略だ。背骨を持ったグループである脊椎動物の系列のなかで、繁殖戦略の向上進化を見ていくと、哺乳類になってようやく卵で生まないで、親の雛形であるコドモを生むようになる。

その哺乳類のなかでも、下等なものはネズミやネコなどのように、同時に多くのコドモを生む(多胎)。だがサル類になると、ごく希な例外は別として、一子(単胎)がふつうである。多胎ではコドモは未熟で、哺乳や移動の際には親のケアがとくにたいへんだ（就巣性）。ましてや、樹上を生活空間にしてきたサルたちにとっては、多胎は生存上きわめて不利だ。それゆえ、厳しい生物界では淘汰され落ちこぼれる危険性が大きい。シカやウマなどの高等な哺乳類や、サルたちはそれを解決した。よく育ったコドモを一匹ずつ生む仕組みに向上進化したのだ。彼らは、生まれるとすぐ自力で行動することが可能だ（離巣性）。ウマやシカなどは生まれ落ちるとすぐ自力で立ち上がって、母親の後を追う。サルたちは自力で母親にしがみつくので、親は自由に樹上で枝から枝へと移動することができる。

ところがその系列で見ていくと、人類は向上進化の頂上に位置するのに、生まれ落ちても自力では何もできない。高等な哺乳類や霊長類のレベルにありながら、繁殖戦略はふたたび未熟児並みで、就巣的状態へと後退してしまった。

これはどうしたことだろう。そのわけは、霊長類のなかで人類だけが並外れた大きな脳と、曲芸のような直立二足歩行をするようになったことと関係がある。このやっかいな課題を処理すべく、ゴリラやチンパンジーと同じ身体的土台を受け継ぎながら、彼ら並みの妊娠期間中（一〇カ月）に、人類はアカンボを産み落とすことになった。本当はもう一〇カ月の妊娠期間が必要だったのだ。そのような事情から、やむなく未熟のまま産み落とす羽目になってしまった。だからポルトマンは、この生後の一〇カ月間を「胎外胎児」と呼ぶ。

進化史的には、繁殖戦略は最重要なので、もしあと一〇〇万年ばかり人類が絶滅せずに生き延びることができれば、進化の女神はきっとこの欠陥を改良し向上進化させることだろう。もちろん人類として生存が可能であればのことだが……。

11　未熟児出産の後遺症

実は人類が未熟状態でアカンボを生むようになったことが、人間の深層の心理を形成し、現代人にまで影響を引きずってくる重要な意味をもつようになった。

「おぎゃあ」といって生まれ落ちた人間は、自力では何もできない。「ひもじい」といっては泣き、お尻が濡れたといっては泣いて訴え、周りの誰かにアピールするだけ。言いかえれば、一〇〇パーセント他者に依存しなければ生きていけない。人間の根深い集団帰属性（仲間意識）も、このようなところに原因があると考えてもよい。

しかし成長とともに、次第に自我が発達してくる。それに応じて自己も形成されていく。それがある時期に爆発的に自己主張をしはじめる。これがいわゆる第一反抗期。それを通り過ぎて思春期頃になると、ふたたび自己主張の大爆発が起きる。これが第二反抗期。このようにして一人前のパーソナリティが完成していく。

最近の子育てを見ていると、狭い家の中でコドモが走り回ったりすると、うるさいから、親はすぐ玩具を与えて静かにさせようとする。コドモは玩具のメカに慣れると、すぐ退屈して、また騒ぎだす。また次の玩具を与える。これでは悪循環そのもの。コドモは遊びの天才で、木ぎれや石ころだけでも、空想をはたらかせて思いがけないほど遊びを工夫する能力をもっているものなのだ。さらに、このような反抗期を否定するのでなく乗り越えていくこと自体が、一人前のパーソナリティを完成させていくのに大切なのだが、最近ではそれが無視され、あるいは抑圧されることも多いようだ。

いずれにしても、このようにして一人前の人間に育っていく。そしてその際に、未熟児で生まれたことが、人間の精神構造のなかに、いうなれば一種の自己矛盾として、深く根づいている、ということから目をそらすべきではない。

一方では人間の精神に刻み込まれた他者への依存性や集団帰属性と、他方では自己主張性の間にあって、仲間意識や派閥意識を強化させ、その延長上で排他性やイジメの心をもったりする。それが拡大すると、ファン心理や郷土愛、愛国心や敵対心、宗教上の対立や異端と正統の泥試合、異文化間の対立その他の深刻な今日的問題の原因になっていることが見えてくる。

今日グローバルに見られる血なまぐさい衝突なども、この辺に深層心理が根深くはたらいているようだ。このような人間が抱え持っている深刻な自己矛盾は、科学や技術などでは究極的には解決できない。ではどうすればよいのだろう。

これらについて、もう少しくわしく実例をあげながら述べるべきところにさしかかったが、紙面も尽きたので、また別の機会にテーマを新たにして述べることにしよう。

なおこれらの問題については、拙著『稜線に立つホモ・サピエンス――人類の行方を模索する』（京都大学学術出版会）を参照されると幸甚である。

第2部　哲学・宗教から見た人間

第5章　機械としての人間——人間機械論の深底とその射程

坂本百大

1　新しい人間学の系譜

人間学（anthropology）という術語は、十七世紀頃、宗教改革運動のさなかにキリスト教神学者カスマンによってはじめて用いられたものといわれている。当時のルネサンス運動がもたらした人間主義（ヒューマニズム）の流れの中で「人間とは何か」という問いをあらためて考え直す必要があったということだったろう。この語は後にカントによって「哲学的人間学」として復活され、人間研究は一つの哲学的な学問分野を示すものとして確立することになる。この経緯から明らかなように、当初、人間学とは、ひたすら人間の美徳、価値をうたい上げるものであった。しかしその後の数百年の間に科学が急速に発展し、人間そのものに対しても科学研究が進み、人間像は大きく変化することになる。要約すれば「人間機械論」的視点の確立である。その最初のきっかけは十八世紀における啓蒙思想家たちによる新人間論の提案の動きである。その代表的事件がJ・ド・ラ・メトリの著作『人間機械論』の発表であった。この傾向は、その後広範に徹底され、二十世紀のサイバネティックスの時代、さらにＩＴの時代と進むなかで人間機械論という人間論は世界的に定着することになる。ここではかつてのカントらの人間論を旧弊なものとし、さらに進んでその背景にあったヒューマニズムをも迷妄、誤謬として拒否しようとする。

２　生命現象の物質現象への還元

哲学としての機械論的人間観は十七世紀頃、デカルトの二元論に端を発すると考えられる。デカルトの二元論は往時の一つの時代精神を忠実に反映したものであった。すなわち、すでにガリレオが居り、ボイルが新発見を行い、またW・ハーヴィーが血液の循環を見出していた。それは一つの新しい科学時代の幕開けを予告する時代であった。このような一般的知的背景のなか、デカルトは往時いまだに根強かった生気論的な世界観から脱して、「物質」を他の心的なもの、たとえば、アニマ等に支配されない独立な存在として定立する必要があったものと思われる。そして、この二元論の定立こそが、次いで来るニュートンの、心的なものの実質的関与を許さない、物質の運動としてのみ世界を記述する決定論的な自然科学の世界観と方法論の確立への一つの準備となったものと評価される。このニュートン物理学の成立を契機として、科学はほとんど「物の科学」として展開することになる。このような時期においては、科学は少なくとも外見上は唯物論の体裁を採らざるをえなかったのは自然のことである。そして、その決定的な時期が、科学の対象が生物体に及び、そして、生物学が分子レベルにまで下がったときに訪れた。そこでは、科学が生命、あるいは精神、心そのものを対象とする可能性が開かれ、また、その必然性が現出したのである。その結果、現在に至るまでに生命現象はＤＮＡに関する、いわゆるセントラルドグマを導く過程において、ほとんど物質現象に還元されてしまったことをまず認めざるをえない。生命現象とは、ここでは、消化、代謝、生長、運動、生殖、遺伝などの現象をいう。

しかし、さらに高度な生命現象として精神現象がある。それは、ときに人間のみが営みうる至高の生命活動と考えられる。しかし、精神現象も、個々の、観察可能な現象、たとえば、感覚、知覚、記銘、記憶、思考……というかたちで具体的に特定されたとき、いまや科学は、それらがすでに生理学的な物質的過程の一種であり、さらにＩＴの時代を迎え、それらの機械的モデルが実現可能であると断定する用意があるかのごとくである。

また最近、バイオ・コンピュータという将来的なプログラムも始まっている。このような試みに実現性があるとすれば、ここで、「人間は機械である」というテーゼは単なる抽象的議論であることを超えて迫真的な響きをもつものとなるであろう。

3 自由意志論への衝撃

いかなる立場のものであれ、いささかでも人間を機械論的に解釈しようとする見方に対して決定的な反論の根拠を与えると期待されつづけてきたのが、「自由意志」なるものの、人間における明白な存在であった。すなわち、もし、人間が機械的なものであるとするならば、それは本質的になんらかの法則によって決定された仕方で動くからくりであるにすぎず、したがって、自由意志による、自由な選択はありえないことになるはずである。しかしながら、自由選択の、したがって、自由意志の存在はわれわれの体験の中において明々白々たる事実である。そしてさらに、われわれはこの自由意志の存在という事実によって、道徳的有責性や法的可罰性を根拠づけ、さらには人間における教育ということの特殊な価値、役割をも示唆しうると考えているのである。実際われわれはある重大な選択場面においてあれこれと迷い、過去の教育によって得た能力、資質によって価値ある、最良と思われる道を自らの自由意志によって選び、また、自ら選んだがゆえにそれに道義的、法律的責任を背負い、そしてときに、それゆえに賞賛され、また、処罰されるのである。とすれば、この、自由意志の明白な存在という一事をもって、人間機械論は一挙にその妥当性を失うのではなかろうか。

しかしながら、新しい人間機械論の視点は、かえってこのような古典的な自由意志観の根拠の脆弱さを的確にあばくことを容易ならしめる。

まず、「自由意志による行動」というものの実態を追跡してみよう。それは、まず、「意志」というものが存在して、それがはたらいてその行動を惹き起こしたかのごとき表現形態をとっている。では、その「意志」とはどこに、いかなるかたちで存在し、また、実際に、いかなる機能がはたらいてその行動を惹き起こしたものであろうか。

しかし、そのような追跡の仕方が不毛であることは、大脳生理学の研究が傍証する。「意志」は脳の中のどこにも局在しない。いずれにしても、自由意志と行動選択の間に実質的な因果関係を設定することは困難である。「自由意志による」ものであるか否かはむしろ、その行動の特性であると見るほうが妥当であろう。実際、「自由意志によらない」行動というものが、われわれの行動のなかに数多く見られる。反射行動がそれである。たとえば膝の腱反射《けんはんしゃ》は自由意志による行動ではない。では、非反射行動を意志による行動と解することはできないだろうか。しかし、反射行動と意志的行動とを矛盾的に対立させることは困難である。たとえば、無意識のうちになされた習慣的行動は一見、ある目的関連のなかで選ばれた意志による選択であるようにみえる。たとえば、今朝私が駅へ向かって歩いたのは、こと改めて問われれば、意志による選択行動である。私は家で朝寝をむさぼることもできたからである。しかし一方、それは事実として習慣的行為でもあったのである。習慣的とは、生理学的表現を用いるならば条件反射の完成ということであろう。この語を勝義にとるならば、人間は、行動という面において条件反射機構を備えた《ビルトイン》高度な反応機械であるということになろう。

しかし、人生の岐路ともいえる重大な選択場面における一回きりの決断も、条件反射の語をもって語ることができるだろうか。たとえば、革命軍に身を投ずるか否かと迷った末の青年の決断も、生理学的反射として分類されうるだろうか。しかし、一回かぎりの選択といえども、ある日、突然、何の前ぶれもなく為されるものではない。そこには長い学習があっただろうし、思想的訓練があっただろうし、あるいは、教唆、煽動があったかもしれない。洗脳という表現もある。そして、これら、学習、訓練、教唆、洗脳等々の語はすべて、条件反射学の語彙の中にある。とすると、意志的な条件反射行動というような語義矛盾的な表現が、ここでは可能となる。

要するに、自由意志による行動と一般に言われているものも、実はすべて生理学的な反射の行動と見ることもできるのである。このような分析が成り立つとすれば、自由意志による行動というものが明白な事実として存在するとしても、そのことのみによってただちに人間機械論が反証されることにはならない。なぜならば、もう一つの語り方としての条件反射の語彙こそ法則的機械性の語彙の一つの類型にほかならないからである。すなわち、人間の行動は自由意志による行動というものも含めてすべて、少なくとも原理的には生理的反射、あるいは条件反射の語法をもって語りうるものと考えるのが人間機械論の立場だろう。

先に数度にわたり「自由意志による選択という明白な事実」という表現を用いたが、そこで明白であったものは実は、「自ら自由に選択したと思う」という、意識の事実にすぎなかったのである。「自ら自由に選んだと思い、信ずる」ことと、「実際に、自由に選んだ」ということとはまったく別な事柄である。

では、これまで「自由意志による行動」と呼んできたものは、そもそもいかなる本質をもつものであろうか。私はこれを以下のように考えたい。

まず、「自由意志」というものが存在して、そしてそれが実質的な作用をはたらいて、「自由意志による」行動が生じたと考えてはならない。そこには、本質的には生理的反射として記述される一群の行動があり、われわれはその中のある一部の行動群を取り出し、それに対し、なんらかの他の外的な規準を重ね合わせて、その行動群を他から区別する名称《レッテル》として「自由意志による」という形容句を付加しているにすぎない。すなわち、われわれは自由意志の存在、非存在とは無関係に、われわれの言語使用の慣習のなかで「自由意志による」という形容詞を、一群の行動に対して適用しているのである。

では、いかなる規準によってこの形容句は適用されるのだろうか。私見によるならば、この規準は人間という機械の内部的、構造的特性によるものではなく、まったく、社会的な外的認定であるように思われる。すなわち、われわれは社会を構成し、それを維持していくためにそれぞれの社会的役割をになっているのであり、そしてその役割に応じて責任が発生し、その責任の遂行に対して褒賞や処罰は必要となる。そのための根拠として「自由意志による行動」なるものを析出して、それをそのような責任や処罰の対象として認定し仕分けするのである。

このような認定の規準としてわれわれが現在の文明社会において現実に採用しているものは、概して次の二つの方向のものであると思われる。まず第一に、その行動が自由選択の自覚をともなう意識的行動であること、第二に、その行動を強制したと思われる外的条件が検出されないこと、また、検出される予想も存在しないこと。ここで外的強制の条件とは物理的強制や心理的暗示、さらに精神疾患などを含める。この二つの規準は現実に社会的な有責性や可罰性の実際の判定基準として陰に陽に用いられているものでもある。たとえば、現代諸国の法体系において、有責であり、可罰である行為は、自由意志による行為に限定されるのが通常である。そして、法廷などにおいて、それが自由な行為であるか否かを判定する規準は、一つには自白（信憑性のある）の有無、すなわち、自由選択の自覚の有無であり、第二に、その行為を当事者に対して不可抗力的に強制したと思われる外的条件の有無であると考えるのが通例である。つまり、われわれは現実の社会生活において、日常的にも、また、法過程においても、自由意志が実際にはたらいて、ある行為を因果的にとらしめたごとき表現をとりつつ、なお、その具体的判定においては、このような因果系列の遡及を放棄し、たとえば「相当因果関係」とか「因果条件の等価」というような人為的な規準を導入して実際には先に述べたような判断基準に依存せざるをえないのである。

自由意志に関する以上のような見方がもっとも現代にふさわしいものであるとして、私はこの観点を「自由意志の規約認定説」と呼んでいる。しかし、そのかぎりにおいて、「自由意志」という語そのものはわれわれの社会生活において重大な役割を演じ、また、それは社会生活に不可欠なものですらある。ここに、自由意志という語の使用をめぐる日常言語の狡猾をみる。そして、この日常言語の狡猾を伝統的哲学の誤解から解き放ち自家薬籠の中におさめようとするのが、まさに現代の人間機械論であると私は考えている。

4 ヘドニズムの倫理工学と創造性のソリューション・テクノロジー

前節において、人間の行動の実質的原因としての「意志」の介在を否定した。そして人間の行動は本質的には生理的反射、あるいは条件反射の過程として説明されるべきものと考える立場を確認した。このような反射の機構は、個体の中に一つのシステムとして統合されている。これが一般に本能といわれているものの実態であろう。そしてそれは多くの場合、欲求として意識されているものである。人間の行動、あるいはその他の人間的営為がこのような本能的欲求として語られるとき、もろもろの人間的価値は空疎なものとなる懸念がある。とくに、善という価値は消去され、また、美という価値もその崇高さを失うことになりはしないだろうか。

人間機械論という視点から見るかぎり、この問題に対してはいわゆる快楽主義《ヘドニズム》ないし、それに類似の立場に立つ以外はない。しかしここではもちろん、ヘドネ、あるいは快楽とは、人間に仕組まれた機構——おそらくは反射機構——とその総合的機能のことであって、それは欲望と言いかえてもよい卑近なものである。人間の身体的機構の中にはかえって不快や恐怖をもたらすような反射機構も存在している。人間の脳は自ら毒物（たとえば、ノルアドレナリン）を生産し、それを自らの神経に分泌して、その結果として不安や不快を感ずるのであるという。しかし、全体的にみると、このような不安、不快、恐怖の反射機構をも同時に具備するがゆえに、人間は個体の、したがって、種の保存に成功してきたものであろう。このように、人間の個体、あるいは種に具備されていて、一つの統一的な方向性を与えているようなもの、たとえば、個体や種の保存や維持という方向に向けて全体として統合されているシステムの総体をヘドネ――快楽――と考えるのが、この場合もっとも適切であろう。あるいはこれを簡単に本能のバランスと称することも可能である。このように人間のヘドネ、あるいは広義の快楽を規定するとき、「善」、とくに、道徳的善や倫理的善はもちろん、価値一般の成立根拠を人間機械論のなかで示すことは十分に可能であり、また、かえって容易ですらある。そこでは以下のような自然な解釈が得られるだろう。

人間はその生存のあらゆる時点において本能的欲求を最大規模に達成しようとする。しかし、人間は概してその本能設計に関して平等であり、したがって、己の欲するところは同時に他人が欲するところでもある。このような諸個人が社会を営むとき、一人の人間の欲求達成のための行為は、他者の欲求達成の行為と往々にして衝突することになる。こうして、そこには「万人は万人の敵」という状況が現出するはずである。しかし人間にはまた、このような衝突を予測し回避する能力が、万人に等しく、十分に与えられている。そこで、われわれは自分という個体と自分が所属する社会とを保存するためにさまざまな社会的規範を設定し、やがてそれらを一つの価値システムに統合する。そして、その全体から、善、正義、幸福、博愛、美等々の価値概念、倫理概念を析出しているものと解釈される。

この観点に立つならば、価値、とくに、倫理的価値なるものは、その本性において消極的なものとならざるをえない。すなわち、他の社会的動物（たとえばアリなど）が一般に、その本能設計において適宜、分業体制をとるというシステムがおそらく、進化の結果組み込まれており、それによって、それぞれの動物の社会は適切に運営され、種の保存と秩序の維持がはかられているが、人間においては、その本能的設計において、ほぼ平等であるという非社会性がその特質であり、したがって、その結果生ずるさまざまな社会的な不都合、欠陥が、まず、「悪」として意識され、そのような悪を排除するためのものとして倫理的概念が発明されるという一面がある。この意味で倫理的概念としては「悪」が本来的に実在し、その欠如態が「善」その他の倫理概念として定義されると見るべきであろう。このように、倫理的価値に関してはかつての「善」の倫理を逆転させる「悪からの視点」が、人間機械論の必然的帰結となるだろう。

もちろん、本能的欲求がすべて必然的に悪であるわけではない。たとえば、親や子を喜ばせたいという欲求は、おそらく本能的なものであろう。そしてそれは親孝行や子への愛として善へ通ずる。しかし、そのかぎりでは孝行や愛は、もともとは倫理的概念ではない。むしろ、親や子を喜ばせるために他人のものまで盗んで与えるとき、そこに悪という倫理的概念が発生し、そしてこのような悪とのシステマティックな対比において、この種の悪を含まない、あるいは、それとバランスのよくとれた、「親の喜び」「子の喜び」の増大をはかる行為がはじめて、倫理的善となるわけである。この意味において、本能的欲求は、それが善へ通ずるものであれ、いったんはそれに付随する諸現象に対する悪の定義を要求し、それを経過し、それとの考量においてはじめて、「善」という倫理概念の中へと包摂されるのである。

また、「善」という概念が無内容で空虚な抽象概念であることも銘記しておく必要があろう。善とは一般に「人の為すべきことがら」と定義されるものであり、そのゆえに、一般に定言命法といわれる「汝善をなすべし」という命題は、単なるトートロジー（同語反復）となり、そしてまさにそのゆえに、論理的な理由で普遍的に成立するのである。倫理的実質命法として可能なものは、ただ、仮言命法のみであろうと思われる。

美的価値というものに対しても同様な解釈の転換が用意され、進行しているように思われる。美に対する憧れが本能的に人間に組み込まれた「欲求」に大きく依拠しているという快楽主義的解釈は、理性主義的な解釈よりいまやむしろはなはだ容易である。しかし、この欲求のシステムは、一つの状態に固定したものと考えることはできない。それは常に「高められていく」ものである。しかも、この「高められていく」過程や方向に理性主義の影の復活を期待することもいまや不可能である。それはむしろ、人間の大脳の構造に由来する、無限に近い条件反射の可能性のなかに求められるべきものであろう。それは、われわれの経験を超えた何ものかによって導かれ、高められるものではない。それを牽引するものは常に、世俗の生理と目ざとい打算である。このことの意味を「創造性」という概念を新しく解釈し直すための一つのアイディアとして示して、それを現代人間機械論の傍証としたい。

芸術における創造性とは、人間活動のなかのもっとも非機械的な部分と思われやすい。しかし、創造性の真の実態は、より厳しい目によってこそ探索されるべきであろう。まず、創造性なるものが、作品、あるいは創作過程のみに孤立的に付随して成り立つものと考えることはできない。それはむしろ、より大きく、社会的な所産でもある。仮にいま、音楽学生がベートーベンと似た、あるいはベートーベンの未発表の作品とまったく同じ弦楽四重奏曲を作曲し発表したとしても、これが創造的として評価を受けることはまずあるまい。その手法は今や陳腐である、あるいは「教科書的」であるからである、創造的であるためにはまずこの教科書的陳腐さを逸脱しなければならない。しかし、あらゆる逸脱がすべて創造的であるわけではない。それはさらに、社会的に創造的として受け入れられなければならない。要するに、社会が創造的であると判断し評価するであろうような逸脱が何であるかを的確に計算しうる能力が創造力の基礎にならなければならないであろう。芸術の天才たちはこれを直観的に見てとっている。しかし、この直観は一朝にして得られるものではなく、長い、厳しい修業の結果、はじめて得られるのであろう。この「修業」という表現はただちに、「訓練」、さらには「条件づけ」という語を連想させる。「私は巨人の肩に乗ったがゆえに、少し先を見ることができたのだ」というニュートンの言葉は含蓄が深い。すなわち、十分な修練を積みつつ常に少し先の人間社会の価値動向をすばやく察知する（演算する）ことが、創造的な制作を生むのである。だとすれば、この創造の過程はまさに、創造的制作の「ソリューション・テクノロジー」とも名づけるべき、まことに機械的な作業といわねばならないであろう。このことは芸術分野にコンピュータが導入されるという最近の動向と無縁ではない。やがて、多重なランドマイザーを備えた、並列分散処理型のコンピュータが実用化されたとき、芸術作品の制作を、その発想の段階からコンピュータ工房にゆだねるという日が来ないともかぎらない。また、そのことがかえって、芸術のジャンルを飛躍的に拡大するという画期的な効果をもたらすことになるかもしれない。このようなときに、それを芸術的美の価値に値しないといって退ける理由はどこにあると言いうるのだろうか。

倫理的価値、美的価値、人生の価値等々、われわれ人間の生活は価値の用語によってくまなく囲繞されている。しかし、今や、これらの現象のなかに人間の非機械性の理由を見出すことはできない。このような価値現象を内に含んだものとして、現在の人間機械論は成立するのである。

5 ヒューマニズムの破壊と現代文明

現代人間機械論は、また、過去数世紀にわたって人間観を支配し、現代においてもなお根強いヒューマニズムの根拠を破壊し、新しい文明論への転換の緊迫した視点を提供することになるだろう。

ヒューマニズムという語は、キケロが用いたフマニタス（humanitas）という語に由来するという。しかし、これが一つの人間観として現われ、また、一つの思想として社会的に定着したのはルネサンス期であった。そこでは、中世的な神と封建的王侯による桎梏から解放された人間への讃歌が、絵画に、また戯曲に、また詩にうたわれている。ここで解き放たれた人間の本性が人間性《ヒューマニティ》であり、その人間性に至高の価値を認めようとするのがヒューマニズムであろう。そしてさらに、このヒューマニズムに哲学的基礎を与えたのが、一、二世紀遅れてあらわれた、カントを頂とする理性主義の哲学であったと思われる。そこでは、人間は理性をもつがゆえに美しく、また、理性的であるがゆえに尊厳に値するということになろう。

しかしながら、この種の理性主義的なヒューマニズムは、その後から現代にかけての人類文明の歴史のなかで厳しい批判にさらされ、崩壊の危機にさらされているように見受けられる。かつて、理性能力と見られていたものはその後、現在に至る機械的人間観の浸透のなかで問題解決能力《ソリューション》、予測能力、管理調整能力といった種類の機能に置き換えられつつある。これらは結局のところ、人間に先天的に具備《ビルトイン》された知能機構であり、そしてそれらは、結局は大脳の神経細胞のネットワークとその柔軟な発展を約束された機能に帰せられるものであることは既説したごとくである。

人間性は美しいという。しかし、ここ数百年の人類史は、むしろ人間性が意外に醜悪であるという一面のみをわれわれに印象づけてきはしなかったか。逆に、動物は残忍であるという。しかし、動物学者の新しい調査によるならば、むしろ、そこに、種や個体を維持するための精妙で合理的な習性の仕組みの数々を新たに見出すことになったのである。残忍な獣性の典型と見られてきたオオカミにも決して同類を殺戮しないという抑制機構がみごとに備わっている。環境汚染を人間の悪とするならば、交尾の後で相手の雄を食い殺すという一見残忍非道なカマキリの雌の行為は、種の保存のためにすでに役目を終えたものから新鮮良質の蛋白質を得て、種の将来をになう卵の育成に役立て、そして、同時に環境の汚染を防ぐという、まことに合理的な生態でもある。雄としても、崇高とも称すべき、美的で、いさぎよい死に様《ざま》であるというべきであろう。いったい何が残忍で、何が崇高なのか、何が醜悪で何が美的なのか。ヒューマニズムの発想には確実に人間による、人間本位の身勝手な思い込みがある。人間と動物をこのように本能という点で連続的にとらえていくとき、ヒューマニズムの根拠は大きく揺らぐことにならざるをえない。そしてこのような連続観は、人間機械論と表裏をなすものである。すなわち、それは、人間も動物も等しく本能システムを備えた情報処理装置とみなす立場に立つものであるからである。

　このように見てくるとき、「人間の尊厳」という語は、その実質的根拠を失うことになるだろう。多くの場合、それはヒューマニズムと理性主義のなかに根拠をもつものであった。しかし、その根拠に対する破壊が急速に進行しつつある現在、「人間の尊厳」という語そのものが内実空虚とならざるをえない。この語の使用をめぐる現状を、私は次のようなかたちでとらえることを試みたい。すなわち、まず第一に、「人間の尊厳」という概念を、何ものによっても根拠を与えることのない、無意味、無内容な表現、すなわち、無定義概念とみたい。したがって「人間は尊厳である」というテーゼは、あたかも数学の公理体系における公理のように、それ自身の成立根拠は他によって与えられることはないが、それを公理的に要請することによって一つの人間論の理論体系が得られるというような種類のものと考えたい。するとここで、「公理」という語の当然の現代的意味から、その公理の否定を公理として含みもつような別な人間論も可能となる。これを「人間非尊厳公理」と名づけよう。要は、いずれの公理を採用することが現実に対するよい説明原理を与えうるかという点にある。そして、この尊厳公理と非尊厳公理が同等の資格をもって成り立つと考える社会調整システムの哲学的背景を与えうる唯一のものが、人間機械論の哲学であろうと思われる。

　ここにすでに一つの新しい文明批判の立場が現前している。近世から前現代に至る文明論は、概してヒューマニズムと理性主義の立場によって指導されてきた。その古典的な眼をもって眺めるかぎり、現代文明は危機に瀕している。だが、この文明の危機をいたずらに憂うることによって何ものも生まれない。ヒューマニズムや理性に訴えることによって何事も解決されないような重大な変革が、社会に、そして、人類文明に起こりつつあるという事実にこそ、危機の真相を見出すべきである。かつてのヒューマニティと理性の世界を恋うるより、むしろ、機械性の空間の中に知性を拡げ、そして、その中で感性の適応性を充実していくことこそ今、必須な文明の転換であり、またそこに人類の未来の奥深い可能性がひらけるのではなかろうか。このような人類文明の未来を予感しつつ、現代という時代精神を正確に把握し、そしてその時代を哲学的に深め、また、思想的に拡げようとしているのが現代人間機械論であろうと私は推計する。

第6章　哲学的人間学などから見た人間

井上英治

1　人間学とは何か

人間学（Studies of Person）が、人間理解と人間形成を考える学問であるとすれば、その定義には、種々のものがありうる、と思われる。上智大学の場合、諸事情から、一九六六年に、まず、人間ならびに人間形成の問題を論究する哲学・宗教学・倫理学などの総合科目が開講され、ついで、七一年に、その内容が再確認されて、人間学（Philosophical Anthropology）と改称され、今日に至った。

私たちは人間学を次のように定義している。

「人間学（Philosophical Anthropology）は、哲学を基礎にし、倫理（学）や宗教（学）をふまえ、諸科学などの成果をも援用して、現実に生きる〝人間と、その生き方〟を総合的に考える学問である。このような人間学的考察には、人間が人間であるかぎり、常に変わらないものもあれば、歴史の流れや環境の変化、諸科学の新しい成果などのために、そこには、いつも新しいものもあるわけで、その意味では、人間学は、未完の学問であって、その内容もときどき見なおされてしかるべきである。」（ハイメ・カスタニエダ著、井上英治編『現代人間学』春秋社、一九九九年）。

2 人間とは何か

いま、あらためて「人間とは何か」と問われれば、長年、人間学などにかかわってきた私は、次のように述べる。「人間は、身心丸ごとで、生かされて生き、ここで、いま、自分らしく生きる者です」と。その一語一句には、関連の種々の深い意味がある。

それらをわかりやすくするために、次の二つを（1）と（2）として補足しておこう。

補足（1）は、既述の命題を、下図のようにしたものである。

補足（2）は、existence（存在）の語源の二つの字義についてである。英語の existence は、ラテン語の名詞 existentia に由来し、その名詞は、さらに動詞の ex(s)istere（生ずる、成る、存在する）から派生している。そして、その動詞は、それぞれの字義をもつ前置詞 ex（～から）と動詞 sistere（立つ）から成っている。

さて、補足（1）、（2）を心に留めながら、先に述べた命題の各語について簡単に述べよう。

第一は、①の「身」と「ここ」についてである。日本の美しい自然の特徴や、独自の文化などにはぐくまれた風土では、〝体得〟とか〝皮算用・肌合い〟などの〝からだ言葉〟があることに象徴されるように、身と心

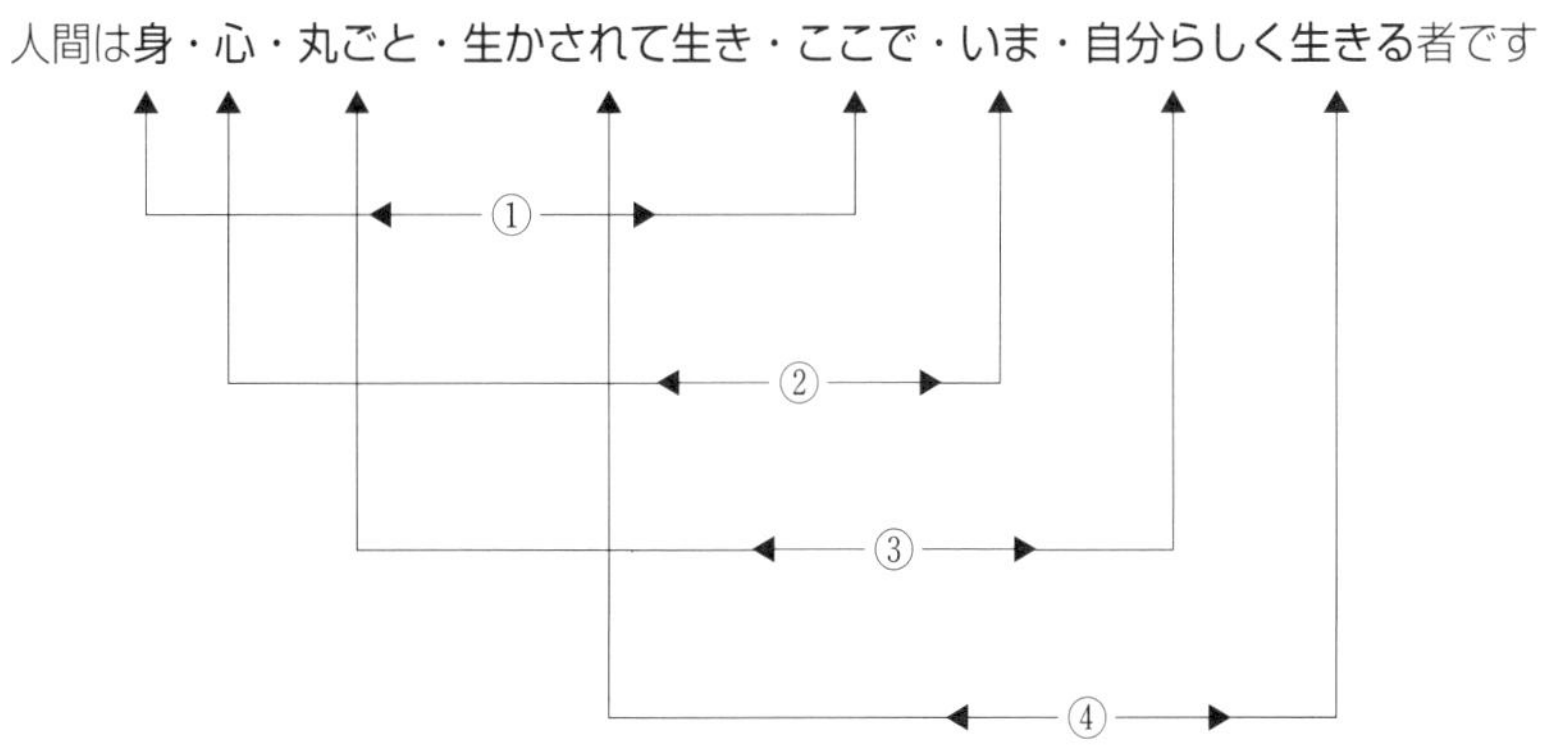
人間は身・心・丸ごと・生かされて生き・ここで・いま・自分らしく生きる者です
①
②
③
④

の場合、心身ではなく身心と、身の方が先であると思われる。そして、身は、心の作業領域・はたらきの場である。つまりは、人は〝ここ〟という場所（空間）で弧立しているのではなく、自分〝から（ex）〟一歩出て〝立つ（sistere）〟存在、すなわち〝かかわり（relation）〟に招かれている〝関係存在〟なのである。

第二は、②の「心」と「いま」についてである。心は、意識や精神とも呼ばれることがある。そして『広辞苑』によれば、心は、「人間の精神作用のもとになるもの。また、その作用。……知識・感情・意志の総体」であるが、第六感のように、理屈では言及しにくい直感力などがあることをも思えば、感性も加えて、感性・知性・意性の総体であるといえる。そして、人は〝いま〟という瞬間（時間）に、心（意識・精神）によって、過去をふまえ、未来を見通して、現在の状況に満足することなく、自分独自の〝自分らしさ〟や〝しあわせ〟を願って、〝いま〟という瞬間（時間）〝から（ex）〟次の瞬間に出て、〝立つ（sistere）〟存在、つまりは、〝実存（人間的現実存在 existence）〟として生きるはずの存在なのである。

第三は、③「（身心）丸ごと」と「自分らしく生きる」についてである。すなわち、身心は、ばらばらに分離したものではなく、一つに統合されて、人は、自分らしさやしあわせを願って、換言すれば、自分らしく生きる。つまり、身心は「いのちの力・はたらき」である魂によって、生かされ統合されて、人（たとえば、私）は、自分らしく生きるのである。

因みに魂は、旧仮名遣いでは「タマシヒ」と書かれ、またそれぞれは、タマは「いのち」、シは「の」、ヒは「力・はたらき」の字義で、タマシヒは「いのちの力・はたらき」ということである。そして、そのはたらきが人間らしいものである場合、その「人間らしい行為の基体」が、いわゆる〝ペルソナ（persona）〟と呼ばれるものである。

さらにまた、関連でいえば、persona は、一説によれば、前置詞〝per（通じて）〟と、動詞〝sono-sonare（音が響く）〃からなる。つまり、人は、他を〝per（通ること）〃によって、妙（たえ）なる音色を〝sonare（響かせる）〃ことになるであろう。

第四は、④「生かされて生き」と「自分らしく生きる」についてである。一般に、生きるのは自分の力によってである、と思われがちだが、本当は、どうなのであろうか。実際には、いのちは、自分を超えるもの〝愛そのもの（神）の次元〃からのいただきものである。そして、もしいのちが真にいただきものである、と心底実感できるとすれば、「いのち」への畏敬と感謝が自ずから湧き起こる、と思われる。と同時に、謙虚に、「自分らしさとしあわせを求めて生きる〝自己実現〃」が願われることになるであろう。

以上を整理し、まとめて定義すれば、「人間（たとえば、私）とは、〝身〃〝心〃〝丸ごと〃で、自分を超える〝愛そのもの（神）の次元〃によって、自己の存在の根底から支え〝生かされ生き〃、〝ここ〃という場所で、〝いま〃という瞬間に、何か誰か（愛そのもの―神の次元をも含む）と〝かかわり〃、自分独自の〝自分らしさ〃や〝しあわせ〃の願いの実現（すなわち、自己実現）を、的確なかかわりを〝通じて（per）〃生きる者なのであろう。なお、この場合、結果として、真実の生きがい（自分らしく生きるかい）が味わえる（sonare 音が響く）こととなるのではないだろうか。

第7章　仏教学の立場から人間の心をさぐる

小川一乗

①　命とは何か──命は平等

「人間の心をさぐる」というたいへん大事なテーマのもとで、これからお話をさせていただくのであるが、仏教というものは、二五〇〇年の歴史のその当初から、「人間として生きている自分とはいったいどういう存在であるのか」、とくに「自己とは何か」という問いかけが基本となっているといえる。

まず、テーマの「心」についてであるが、専門用語で、仏教の教義中では「積集《しゃくじゅう》の義」という、積み重なり集まったものというのが、古くから心についての定義とされている。そういう心に対する定義は、どのような仏教思想から生まれてきたのかということを明確にするために、仏教の基本的思想についてわかりやすく説き明かすのが今回のテーマである。したがって、仏教についての予備知識のない方にも理解していただけるように話をすすめたい。

仏教は、只今ここに人間（私）として生きている命をどう考えるのかという問題から始まっている。現代人は命をどのように考えているのであろうか。科学的な合理主義を信奉している現代人は、命とは自分の生まれとともに生まれ、自分の死とともに死ぬという、自我的な観念によって、命を自分の所有物としている。そのために、自分の死後を問わないでいる現代人が多いのである。

それはともかく、十八世紀以降の西洋哲学でいえば、命とは精神に属するのか、肉体に属するのかなど、いろいろな難しい探求がなされているが、それは精神と肉体を実体的に分離した二元論を大前提としての議論である。それに対して、仏教はそうではなくて、私たちが「只今生きているトータルなこの命はどのようなものか」という、自分の命を見つめるというところからスタートしている。なぜ、そういうことになったのか。そのためには、二五〇〇年ほど前に仏教が始まった当時のインドにおいて命はどのように理解されていたのかということを確かめなければならないが、そこは、「業報《ごうほう》」による「輪廻転生」という、自ら何を行ったかという行為の報いを受けて、死に変わり生まれ変わりを永遠に繰り返しているのが命であるという生命観が出来上がっていた時代である。二五〇〇年前に、そういう生命観をつくり上げていたインド人の知恵、それはたぶん、善を行わしめ悪をなさしめないための生命観であり、そこにインド人の知恵の深さを感じる。

ふつう、民俗宗教においては、現在の日本人もそうであるが、「転生」ということはあまり言わない。だいたいは「再生」ということを言っている。無宗教者であると自称する人でも〝死とは再生の出発点〟といったようなことを言う。しかし、再生が繰り返されるのであるから、それは単なる再生ではなく転生である。絶えず再生が繰り返されて転生していく、そういう命が今の私の命であるという生命観が定着した時代であるが、これは自分の命はこの世限りで、自分の死後はないと考える現代人の生命観とはまったく反対の、自分の命は永続するという生命観である。

そういう時代にあって、当時の宗教家、哲学者たちは、輪廻転生する世界から解放されたい、この世限りで転生は終わりにしたいという思いで、輪廻転生の世界からどのようにして解放されるかということを模索した。そのなかにあって、仏教の開祖である釈尊という人だけは、独特の視点をもったのである。輪廻転生ということによってつくり出されている「生まれの差別」を凝視したのである。これは当時にあって、非常に希有な視点だといえる。当時、奴隷がいたが、奴隷として生まれたのは過去世においてたいへんな悪事をたくさん行った結果として現在世に奴隷として生まれたのであるという、生まれの差別が形成されていたのである。後代になって、それは「カースト（血統を保持するための差別）」と呼ばれるようになるが、そういう生まれの差別を受けて、生まれること自体が苦しみでしかないような人生をみじめに送っている、多くの人たちの姿を目の当たりにして、釈尊はショックを受ける。釈尊は釈迦族という小さな部族の国王の皇太子として生まれ、生老病死の現実が覆い隠されている城の中で恵まれた生活をしていたのだが、その釈尊が、城の外の「みじめな生老病死」の現実を見てショックを受けた。みじめに生まれ、みじめに歳をとり、みじめに病気をして、みじめに死んでいくという自然のままの一生を送っている多くの人たちの姿を凝視した。そこに他の宗教家にはない釈尊の独特な視点があったのである。そのとき釈尊は、すべての命は平等であるべきである、人間のつくり出した生命観によって生まれに差別をつくっているとは、いったいどういうことなのかと、そういう生まれの差別を凝視し、そしてすべての命は平等でなければならないという直感をもったのである。二五〇〇年前に、こういった直感をもった、釈尊の天性はすごいものだと思う。この直感は、釈尊によって形成されたサンガ（教団）のなかでは、生まれの差別は完全に無視されたという具体的な事実によって明確に反映されていくのである。

ちなみに、命は平等であるという場合の命とは、人間の命だけではない。命あるものすべてが含まれる。その意味で、人間と動物の命の在り方について、そこに本質的な違いを認めるということは一切ない。世の中にはいろいろな宗教があり、命の尊厳とか命の平等をいうが、無条件にすべての命は平等でなければならないと説くのは仏教だけであろう。それは、輪廻転生というインド的な生命観のうえに醸し出されている命の不平等ということが前提にあったわけである。自らの行いの報いを受けて、必ずしも人間に生まれ変わるわけではない、牛に生まれ変わるかもしれない、植物に生まれ変わるかもしれない、そういう転生を続けるということが、具体的な事実として信じられていた時代に、すべての命は無条件に平等であらねばならないと釈尊が直感したことから仏教はスタートした。命の平等は無条件である。しかしこれは、釈尊の直感であり、直感には理屈がなく、自らの直感をどのように説明するかという、その道理を見出すために、釈尊はたいへんな苦労をするのである。

2 縁起する命――輪廻する命を否定

釈尊が、覚りをひらく夜の光景について、数多くの仏典のなかで文学的にさまざまに表現されているが、ある仏典において、「初夜、中夜、後夜にわたって、縁起の道理をもって繰り返し繰り返し観察した」と説かれている。ここに「縁起の道理」ということが説かれているが、この「縁起」という漢訳は非常に優れた翻訳だと思う。「起」の字はスタティックではなくダイナミックである。瞬間、瞬間の自己存在を「起」という言葉で表現していると言っていいであろう。単に存在しているのではなく、ダイナミックな自己存在の瞬間のありようを「縁起」と表現するわけである。釈尊なきあと仏教教理が整理されていくなかで、仏教は「刹那滅《せつなめつ》」すなわち私たちの存在は刹那に滅しては生じ、生じては滅する、それを繰り返していくことが説かれる。ただし、これは仏教全般が刹那滅を説いたわけではなく、仏教の有力な学派がそれを説いたということで、それの伝承を受けている大乗仏教の中の唯識思想などは刹那滅を採り入れている。ともかくも、私たちの存在は刹那に生滅しているその連続によって保たれているという考え方が後にでき上がるが、そういう刹那滅的なあり方を、この「起」は表わしているといえる。

そういう瞬間的なあり方として縁起する命があるという道理は、もう少しわかりやすく説明すれば、私たちの知識では分析しきれない、無量無数といっていいほどのいろいろな条件（因縁）によって、私たちの現在の瞬間がありえていることを意味している。仏教では不可思議な因縁ということがいわれるが、仏教でいう不可思議とは、決して神秘的な事柄とか人間の知性を無視したものではない。人間の知性を重んじながら、その知性が間に合わない世界が明らかになってくる。これは現代の私たちにとって大事な考え方だと思うが、たとえていうと、ガンジス川の砂の数には限りがあり無限ではないことは確かである。しかし、今の最先端の科学でも、ガンジス川の砂の数はいかほどか、きちっと一粒の間違いもなく計算できるであろうか。たぶん、できないだろうと思う。限られた砂によってガンジス川の砂の数は成り立っているということは明らかだが、それをいくつあるかと数えて確かめることは、とうてい、人間の知性の及ぶところではない。人間を特徴づけているそういう知性などが間に合わないものであるというときに、人間の知性の頭が下がった世界、そういうことが不可思議ということである。道理や、事柄はわかっているけれど、それをすべて知り尽くすことはできないという、大いなる世界に対して人間の頭が下がった状態を不可思議といっていいだろう。

無量無数といっていいほどのいろいろな条件（因縁）によって、只今のこの私の瞬間がありえている、という自己存在を、縁起の道理でもって解釈した。あらためて述べるまでもないが、この縁起の道理は釈尊によって発見されたのであって、発明された道理ではない。「私がこの世に生まれても生まれなくても、この縁起の道理は、永久不変の真理である」と、釈尊は縁起の道理を真理として説いている。

ところで、宗教といえば、何か人間の力の及ばない、大きな力に対して人間の無力さを痛感し、それに祈りを捧げる、それをたとえば神（カミ）と呼んだり、いろいろな呼び方があるが、そういう神の存在を想定して、その力によって幸せになることを祈るわけである。絶対的な力をもった存在を想定して、それに祈りを捧げることによって、自分の幸せを求め、不幸せを取り除こうとする、そういうのが世間において宗教とみなされているものの実態ではなかろうかと思うし、現在でもそういう宗教が幅をきかせている。日本でも神や仏に自分の幸せを祈る習俗が宗教として一般的であるが、そういう信仰形態を根底から否定したのが釈尊である。人間の幸せや不幸せを左右する神の存在を認めなかったのである。神に自らの幸せを願うのではなく、人間とは何かと、人間自身を問うことによって、自らの幸せを開拓していく、その道理が、人間では分析しきれないほどのいろいろな条件（因縁）が、只今の私の瞬間をつくり上げているという縁起思想として説かれた。すなわち、輪廻転生などはありえないという論理である。輪廻転生ということを認めたうえで、その世界からの解放をはかったのが当時の宗教家であるとすれば、生まれながらの命の差別をつくり出している輪廻転生という生命観自体を根っこから疑問視したところに、釈尊の仏教のスタートがある。私たちは人間として生まれようと選んだわけではない。無量無数といってよいほどのいろいろな条件（因縁）によって只今のこの瞬間の命を生きている。それら諸条件（因縁）の変化によって明日どうなるかもわからない。それが諸行無常という実感である。只今ここでのこの瞬間のことだけは間違いのない事実であり、それゆえに貴重であり尊いのである。チンパンジーであろうとも、無量無数といってよいほどのいろいろな条件（因縁）によってチンパンジーとしての命を生きている。それを自覚するかしないかの違いはあるだろうが、命のあり方はすべてそういうあり方において平等であると、それが釈尊が到達した命への見定めである。このような命のあり方を自覚できるのが人間であるが、自覚したために、そこに自覚された真理のとおりに生きていない自己の現実を問い続けていかなければならないという人間の業がある。平等な命を生きながら、犬や猫のようにそれを自覚しないほうがその意味では幸せかもしれないが、そこには知性をもった人間が背負った、ちょっとだけ脳の発達が良いだけ苦労しなければならないという面があるのかもしれない。

3 釈尊の説く業報論——業は心の問題

このような縁起の道理からすれば、私たちに心という何か特定の実体があるのではなく、心そのものが縁起なのである。無量無数といってよいほどの因縁によってありえているものを、かりそめに心と称しているのである。そういう心のあり方と同じように、縁起している私という存在が、この瞬間を生きているだけなのである。だから、固定的な心という存在があるのではなく、心は「積集の義」として一瞬一瞬、変化のなかで因縁が積み重なり、集められて縁起している心が考えられている、ということである。

この縁起の道理が仏教の基本となっているが、只今ここに存在しているというこの瞬間については、ときどき仏教者自身が誤った解釈をしている。すなわち、過去の因縁があって現在という結果があるという考え方が一般的になっている。この場合は、過去の因縁も現在の因縁も、ともに実体的に考えられている科学的因果論と同類となっており、それでは輪廻転生となんら変わりはない。釈尊はそういう因果論は説いていない。釈尊は、現在のこの瞬間のなかに過去が自覚的に見えてくると説き、過去があると説いていないのである。科学の世界は、因から果へという仮説が立てられ、過去に因があって現在という結果があるという、これは科学という仮説の世界では当然だろうが、仏教は科学ではないから、現在のこの瞬間のなかに過去が見えてくる、自覚されてくるのである。だから、過去が〝ある〟と実体視する観念はない。この只今の瞬間の自己のなかに未来も見えてくる。たとえば地獄が見えてくる。決して地獄がどこかに客体的に実在しているわけではない。この世の延長線上に地獄があったりするのではなく、地獄というものが嫌でも見えてくる。自分の生きざまのなかに地獄という未来が嫌でも自覚されてくる。同じように、自分の現在の生きざまのなかに過去が嫌でも見えてくる。そこにおける因とか果というのは、客体的に実体視されることが前提となっている科学的な法則による因果ではなくて、あくまでも心の問題、自覚の問題だとする、これが釈尊の「業」論である。だから、釈尊の弟子たちは人間の行いである「業」をどう見るかは心の問題、すなわち「業は思なり」と定義している。「思」の原語はチェータナーと言うが、それは「意志」とか「自覚」という意味である。身体的行為としての業も言語的行為としての業も、「思」という自覚（意志）に基づいた事柄で、「思」との関係において成り立っている。このような「思」を基本とした業報論は、現在の自覚のうえに成り立っている因果応報論であるといえる。このことからもうかがい知れるように、現在の「思」（自覚）のないところには釈尊の業報論は成り立たない。それが「思」を前提としていない輪廻転生を認めない釈尊の立場である。だから釈尊のことを、当時のインドの宗教家は「業論者」と呼称している。業論者といわれるのは釈尊だけである。釈尊以外の他のインドの宗教家は基本的には輪廻転生を認めているから、独自の業論を別に説く必要はなかったわけである。釈尊は、輪廻に転生するという客体的な因果論ではなく、人間の自覚の問題、心の問題として、そこに、因果応報を説いたのである。そういう意味で、独特な因果応報を説いたので、釈尊だけは業論者といわれているわけである。そういうことが仏教の基本としてある。

4 「縁起を担ぐ」——縁起への誤解

したがって、たとえば私がここでこうして、「人間の心をさぐる」というテーマのもとでお話をさせてもらっているということにはいろいろな因縁があるわけであるが、それを科学的に探る必要はない。たとえ因縁を科学的に探ってみたところで、それは不完全そのものであり、すべてを探りようがない。私の心の中にその因縁が自覚的に見えてくる、見えてきたものだけが因縁なのである。いま私がここでこうしてお話をさせてもらっているということには、さまざまな因縁があるわけであるが、今ここで私のお話を聞いてくださっている皆さんがいるということこそが、もっとも大事な直接的な因縁となって、この一瞬の事実がありえているのであり、そのことを私がいま因縁として自覚しているわけである。しかも、この瞬間以外に私の存在はない。そういう存在としてお互いをあらしめているという意味では、私たちは決して一人では生きていないし、一人では生きられない存在である。いかなる空間や時間にあっても、すべてがつながりのなかで生き合っている。そういう共に生き合っているという命の事実が縁起という道理から出てくる。であるから、私は縁起ということを「命の連帯性」という表現でも言いかえている。なぜなら、縁起という言葉は、現在、あまりいい意味で使われていないからである。縁起がいいとか、縁起が悪いとかと、縁起を担ぐという言い方で、その言葉が誤解されて使われており、本来の意味で受け取られていない。

ではなぜ、縁起がいいとか悪いという誤った使われ方になったのであろうか。それは私たちが人間としての一生を送っていくなかで、人間であるがゆえに、「私は」という自我を絶えずつくり上げて生きているからである。釈尊が、輪廻転生を超える修行としていちばん強調したのがこの「私は確かな存在であるという思い（「有身見《ゆうしんけん》」）を捨てなさい」ということである。この有身見は、私たちがもってはいけない誤った見解が「五見」として説かれているなかの最初に説かれる、最悪の見解とされている。なぜならば、輪廻転生という生命観は自己存在に対する強い執着によってつくり出されている考え方であり、それは有身見に基づいているからである。私たちは老いて病んで死んでいくことを厭い憂うが、しかしそれは、私たちの自我が求めてやまない、若くて健康に生きようとすることの結果なのである。若さは老いをもたらし、健康は病をもたらし、生きる身は死をもたらし、結局は輪廻に流転するわけであるから、その輪廻の世界から解放されることを願わずにはいられない。その実現のためには、輪廻の世界における自己存在に対する執着を捨てなければならないと、釈尊は説いたのである。私という自己存在が永遠に続くことを願う、輪廻転生の基本には「私は」という意識、すなわち、我執がある。その我執によって、そこに輪廻転生説が形成されているといえる。したがって、自己存在に対する強い執着を修行のなかで静め、滅していく。そうすれば輪廻転生への願望はおのずと消えていき、それは同時に、輪廻転生という生命観が問題とならなくなるというのが釈尊の説き方なのである。

輪廻転生という命の継続は、このように人間の我執に基づく無知によってもたらされているだけであり、命についての真実が明らかとなり、すなわち、命は縁起的存在であるという知恵をもった者には輪廻転生はありえないと釈尊は強調している。そういう意味で、自らの命の存続を願う我執によって形成された輪廻転生というインドの生命観に対して、無量無数といっていいほどの因縁によって只今の瞬間の命がありえているという縁起の道理に基づいて見定められた仏教の生命観において、私を私たらしめている因縁の他に、実体的な私の命があると、もし考えるのであれば、それは仏教ではないということになる。釈尊は、こういう仏教における命のあり方を「無我」、我れ無しと表現している。

ところが、この「無我」について、「私は、私は」といって生きている私たちであるがために因縁によって成り立っているという縁起の道理について勝手な解釈をしているのも私たちである。仏教徒の集まりで、たとえば、宗教的な表現をとれば「ご縁をいただいて生かされております」という言い方がごく普通に言われるが、ここに基本的な誤りがある。ご縁を「いただく」というと、いただく私が先にいるわけである。まず私という主体がいてご縁をいただくわけだから。我執を離れられないでいるこの私が先にいると、どういうことになるのであろうか。自分に都合のいいご縁だけが欲しい、都合の悪いご縁はいらないということになるに決まっている。そこで都合のよいご縁は縁起がいいが、都合の悪いご縁は縁起が悪いと、「縁起を担ぐ」という発想がここから生まれてしまう。そういう意味で、縁起という言葉を使うのは差し控え、「命の連帯性」という言い方をしたりしている。

5 「子から親が生まれる」

したがって仏教は、命は無条件に平等であるというのが立脚地であり、それを説明する縁起の道理によって、命は連帯しあっているという、命の相互関係において私たちの命はありえていると説くのが仏教なのである。そういう命の連帯性のなかに私たちの只今の瞬間がある、そして現在の瞬間のなかに因縁が自覚的に見えてくるという、仏教の因果応報の在り方について、たとえば、約一八〇〇年前に釈尊の教えを思想的に再確認した、大乗仏教の思想的大成者といわれる龍樹という人がいる。この人が書いたものを読むと、非常に皮肉なというか、おもしろい言い方がたくさんある。たとえば、科学的に考えたら、世間では種から芽が生えるというけれど、そんなことはありえない。種から芽が生えるということであれば、芽の生える以前に種があることになる。それなら石ころも種ということになる、という。そうではなしに、芽が生えたときに種が因という意味をもち、種は種となる。芽が生えたときに種が自覚されてくる。これが仏教なんだ、仏教は科学じゃないんだということをきちっと一八〇〇年前に主張している。

もう一つ、龍樹はこういうことも言っている。親から子が生まれるというけれど、これもおかしいのではないか。親が先にいるなら子どものいない親がいることになる。この世の中に子どものいない親などというものがいるのだろうか、という話である。だから、世間では親から子どもが生まれるというが、子どもから親が生まれていることになる。どちらが因やら、どちらが果やらわからなくなると、世間における因果論を皮肉っている。まさしく先に述べた相互関係である。科学的な仮説からすると、親から子が生まれるとか、種から芽が生えるということは何の疑いもなく、それを私たちは受け入れている。これを龍樹は、言葉の虚構性（戯論）、すなわち言葉がつくり上げている虚構の世界と言っている。

これについては、私たち人間においてはもっと厳しい問いかけとなる。つまり、「子から親が生まれる」ということは、子どもから親と認められない限り親ではないということになる。そういう意味では子どもから、お父さん、お母さんと呼ばれたとき、子どもが親を因縁と自覚したとき、はじめて親子になる。親という客観的存在があるわけではない。これは人間だけの大事なことなのではあるまいか。

6 「殺してはならぬ。殺さしめてはならぬ」

このような私たちの現存在を見ていったときに、私たちはいろいろな因縁（条件）によって只今の瞬間の存在を得ている。これは好きでも嫌いでもどうしようもないことである、それは道理なのである。この道理をどのように引き受けていくかということが仏教の基本になる。それを仏教の宿命論と考えたり、あるいは人生の束縛と考えたりする場合があるが、それは〝こちら側の〟問題なのである。縁起の道理は真理であり、人間の側の都合や解釈によって否定されてしまうような事柄ではないのである。縁起の道理自身はそんなことは全然問題にしていない。こういう道理のなかに自分たちは今いるのだ。それをどのように引き受けていくか、いただいていくかということは、私たち人間の側の問題なのである。この縁起の道理のままに生きようと、それを全面的に引き受けていくのが仏教徒である。たとえば親鸞は、それを「他力」と表現し、「さるべき業縁のもよおせば、いかなるふるまいもすべし」、自分の生きてきた人生の因縁によって自分はどんな行いをするかわからない存在である、それが動かしがたい事実なのであると述べている。お互いにそうした存在であるということを私たちがきちっと受け入れたときに、人間のごう慢さが懺悔されていくということがあるのではなかろうか。

大阪の池田小学校に乱入して、たくさんの子どもさんを殺すという事件があったが、私は非常に重たいものを心に感じる。あの宅間という死刑が確定した被告も、生まれたときはオギャーッと泣いていた赤ちゃんだったはずである。それが二十何年かの人生のなかで、人を殺してもなんとも思わない、何の罪の意識ももたない人間に育ったのであるとすれば、私も、もし彼と同じ生まれで同じ人生を送ったら、彼と同じになっていたかもしれないと思う。そのように思うとき、お子さんを殺されたご両親にしてみれば、どんなになじってもなじりきれないほどの憎しみをもっておられることは想像に余りあるわけであるが、そうであるからといって、彼を死刑にせよということが人間どうしのあいだで許されるのであろうかということも考えざるをえない。そこに重たいものを感じるのである。もちろん死刑にしてほしいという、子どもさんを殺された側の叫びはよくわかる。彼は悪い奴だと言うのは簡単である。だから死刑にしたらいいんだという立場に私も立てたら、どんなに楽なことかと思うが、そこに立ちきれない。それならば、彼のような悪い奴を野放しにするのかと言われそうであるが、そんな意味ではない。何か重たくて非難しきれない自分がいる。どういうことかというと、子どもたちを殺した彼が何の罪の意識もなく謝罪もないというレベルと、彼に死刑を求めるレベルは似ているのではないか、同じことではないか。命は尊いと言いながら、殺された子どもたちの命は尊いが、宅間の命は尊くない、死刑にせよと求めるのは、命は無条件に平等であると説く仏教からは承認できないのである。釈尊は「殺してはならぬ。殺さしめてはならぬ」と説いている。人を殺してはならないと同時に、人を殺させてはならない、死刑にせよと言わしめてはならないということである。たとえ殺されても殺す者とはならないという信念は、命は平等という仏教の基本的立場であるが、お互いに命を奪いあわなければならないという現実を前にして、それは私にとって切なくも悲しいことである。そこにはただ憎しみと空しさだけが残り、救いがないからである。

7 心とは何か

そういうことを考えるときに、大乗仏教の後期に唯識思想が形成されるが、その「唯識」のなかで、「阿頼《あら》耶識《やしき》」とか「末那識《まなしき》」という問題が出てくる。末那識とは「自我意識」と解釈されている。それはそれでいいのかもしれないが、これは一つの識ではなくて潜在意識である阿頼耶識に付属している属性である。どういう属性かというと、我見、我愛、我慢、我痴という、全部「私が」という思いが基本となっている自己への執着である。我見というのは、常に私は正しいと、自分を正当化することであり、それをするのが人間である。我愛というのは、結局は自分が一番可愛いということである。我慢というのは人と比べて高慢になったり卑下したりすることであり、我痴というのは、「私が、私が」と言って自己存在に対して我執していることであり、命への無知ということである。これら四つの我執を内容としているのが末那識である。これはあくまでも、末那識という何かが実在するということではなく、自分の心の中に見えてくる、自覚されてくる心の動きである。それを明らかにするために、阿頼耶識という潜在意識を想定し、その阿頼耶識の上に自我意識としての末那識を想定して人間の心の分析を行っているのが唯識である。このようにして、人間の心を探っていき、私たちの心とは何であるかと追求していったときに、我執による闇が解明されていくというシステムが「唯識」なのである。一瞬一瞬の命を生きている、そういう縁起的存在としての自己への目覚めをもったときに、我執のままに生きてきたいままでとは違った世界がひらけてくるという、そういう仏教からの問いかけが、二十一世紀における、人間にとって大切な問いかけになるのではないかと思う。

最後に、このシンポジウムが京都大学の会場で行われているご縁に鑑み、一言だけ付け加えると、二〇〇五年の一〇月一〇日に、京都大学総長の長尾真先生に大谷大学の開学記念式典でご講演いただだいた。そのときに長尾先生に来ていただきたいと思った理由は、先生は工学博士で、私とはまったく分野が違う方であるが、ご著書の『「わかる」とは何か』（岩波新書）をたまたま拝見して、その考え方にたいへん共感したからである。先生は、以下のように述べている。「わかる」ということは人間の知性である。知的活動である。これは大事である。しかし人間は、「知・情・意」で生きている、人間は「知」だけで生きているのではない。だから二十世紀の科学は「知」だけで発展してきたけれども、二十一世紀の科学が同じように知的関心だけでさらに探求していく姿勢にとどまるならば、二十一世紀において科学は衰微していくであろう。これからの科学者は「知」だけではなく、人間のもっている「情」であるとか、「意（心）」であるとか、知・情・意を総合的にきちっと見極めながら、未来の人類にとって何が大切かということを見極めていく見識をもたなければならない。そういう見識を科学者がもたないかぎり、科学は衰微していくだろう。そうならないための見識として、すべての命は共に生き合っているという命のあり方に対する視点をもつことが基本的に大切である。いまこそ命は共に生き合っているという東洋的な命への了解が必要である。しかしながら欧米には命が共に生き合っているという思想は基本的にはないから、二十一世紀はアジアティックターン、アジアへの回帰が必要であると。このような長尾先生のお考えは、ここで述べた命に対する仏教的視点と重なり、共感できるものではないだろうか。

第8章　Shanie の仮説を提起する

半谷高久

1　問題提起

私は安部喜也と共著で、一九六六年に『社会地球化学』（紀伊國屋書店）、および一九八九年には秋山紀子と共著で『人・社会・地球――私達のシステム論から未来への構図を探る』（化学同人）を出版した。本稿はそれらの考え方の流れのいき着く先として、私のやや幻想的な考えを「Shanie の仮説」と名づけて述べたものである。遊びと思って真理か幻想かを議論し、愉しんでくださることを期待する。なお Shanie は system の hatten をもじった私のペンネームで、いたずら心の産物にすぎない。

それではなぜ Shanie の仮説を提案するのか？　私は大学の理学部で自然科学の一部門の化学を学び、自然に起こる諸現象が川や湖の水質に与える影響に興味をもった。その後、人間活動の拡大にともない、その活動が水質のみならず地球全体の物質循環に大きな影響を与えることを認識し、その研究分野を私は「社会地球化学」（Social geochemistry）と名づけ、その研究の発展に努力してきたつもりである。そのような人間も自然も取り入れた研究を進めていく過程で、言わば直感として、漠然と次のようなことを感じていた。

①自然も人間も律する同じ法則が存在するにちがいない。

②宇宙も自然も目的をもつのではないか?

③従来の科学、哲学、宗教がいまだ明らかにしていない法則があるのではないか?

そして非力を顧みず無謀にもなんとか答えを得たいと思った。もし、オーソドックスに解答を求めたいと思い、万巻の書を読むことから始めたならば、もう一回生まれ変わって大学に入り直して一から出直すしかない。また自己のもつ貧弱な能力を自覚する私が、そんな無謀な計画を立てられるはずはない。

そこで私は、独断的に自分勝手に上記の課題に答えを提出してみようと試みた。であるからこの答えはいわゆる学問的研究の名には値しない。しかし、その提案の内容が幻想であったとしても、見知らぬ誰かが真理に近づく手助けになるのではないかと期待している。

2 Shanie の仮説

Shanie の仮説とは

私が提唱する Shanie の仮説は次のように表現できる。

「物質はシステムを構築するという過程を基礎にして、物質がもつことが可能な機能の多様化高度化を段階的に創造することを求め続ける。またその目的を達成するために物質は自然法則・人為法則などの種々の仕掛けをつくっていく。なお、その過程で生成した諸システムは、互いに協同して上記の創造を促進するが、そのようにして生成した個々のシステムはそれ自身の個性や共存するシステムの個性に応じてその発展にはそれぞれ限界がある。」

私は宇宙の創造、自然人為の諸法則の誕生ならびに自然人為の諸現象の生起はすべて、この仮説が直接あるいは間接にその動機となっていると解釈できるのではないかと期待している。

以下にもうすこし説明を加えよう。

(1) 一種の唯物論である　宇宙を構成する万物は物質により構成される。つまり、すべての現象は物質的基礎をもつと考える。しかし、次の点で従来のオーソドックスな唯物論の範疇には含まれないだろう。

(2) 物質は目的をもつこと　現代のオーソドックスな自然科学の考え方と根本的に異なる点は、物質自体が、擬人的にいえば、ある目的をもつと解釈していることである。

この目的というのは、物質は自己が発揮できる可能性がある機能をできるだけ発揮させようとすることである。ただし、その限界を私たち人間が予想することはできない。その目的を達成させるために、物質はシステムをつくる過程を創造したといえる。すなわち、構造が比較的単純で、機能も単純なシステムから、よりいっそう構造も複雑で、機能も高度化多様化したシステムを段階的に創造していくという機構を採用した。

なお、オーソドックスな近代科学に反して、自然現象には目的があるという思想を、私は松田卓也京都大学教授からいただいた『人間原理の宇宙論』(培風館、一九九〇年)という同教授の著書ではじめて知った。私は宇宙は目的をもっているという思想には深く興味をひかれ、Shanieの仮説の勉強にも非常に参考になった。

(3) 物質がシステムをつくるということ　一口にいえば、部品(部分)を一定の関係のもとに集めて、部品のもたない新しい機能をもつ集まり(全体)を構築することである。ここで一番大切なことはシステムをつくることによって部品がもっていなかった新しい機能が生まれることである。このことはしばしば「機能の創発」と呼ばれる。たとえば、私たちが日常使っている自動車は、人間がつくった一つのシステムである。エンジン、車輪、ハンドルなどきわめて多くの部品を組み合わせて陸上を走り廻れる自動車をつくる。組み合わせるということは、部品どうしがなんらかの関係をもつことである。システムが形成されるということは、現象的には同時に次の二つのことが生まれることを意味する。

第一は新しい機能が生まれること、第二は部品（サブシステム）どうしの間に新しい関係が生まれること。

このことは、システムを何段階にわたってつくっていけば、単純な機能しかもたない物質系から高度な複雑な機能をもつ物質系をつくっていけること、また新しい物質系の間の関係が次々と生み出されることが可能であることを意味する。たとえば、比較的単純な機能しかもたない原子を部品として分子というシステムをつくると、分子は原子単独ではもてない機能をもつことができる。また分子を形成すれば、そこに原子どうしに新しい化学結合力という力が作用しはじめる。さらには分子を部品として、生物さらには人間が生まれてくる。人間は分子がもつことのできないとても素晴らしい機能をもつ。また人間どうしには好悪、偏見、職業的身分などさまざまな関係が生まれる。

宇宙の歴史を検討すれば、自然現象においても人為現象においても常にシステムの創造が行われてきたし、いまも行われている。物理学者の唱える宇宙のはじまりは物質がシステムをつくりはじめた時であると解釈したい。

(4)　システムの機能とは

システムの機能という言葉をしばしば使うが、その具体的な姿はシステムによっていろいろ違う。そこでシステムの機能とはシステムができることというしかない。たとえば、人間の機能といえば、喋ること、食べること、呼吸すること、考えること、子どもをつくることなど数え上げたらきりがない。しかし、忘れてはならないことは、人間が機能を発揮するには、適当な環境（媒体システム）が人間を維持していることが必要だということである。上に述べた人間の機能も、地球表面のような環境条件が揃っているところでこそ発揮できるものである。宇宙空間に放り出されれば、人間はすぐ死んでしまう。自動車が走ることができるとはいっても、それに適当な道があってこそである。

システムの機能を論じるときには、常にそのシステムがどのような条件をもつ媒体システムに維持されているかを明らかにしておく必要がある。

(5) システムの機能の多様化高度化とは？　多様化とは、文字どおり種々さまざまの機能が生まれることを意味する。地球が大気圏、水圏、陸圏に分かれたことは、地球が多様な機能をもつようになった例である。またいろいろな種類の動物、植物が生まれたのもその例である。

高度化は、多様化に含まれると解釈してもよい。高度化したかどうかは、それを計る尺度あるいは基準が必要である。尺度が異なれば高度化の判定は違う。たとえば、知能という機能の発達の観点からみれば、人間は猿よりも高度であるが、木から木へと渡り歩く機能からみれば猿の方が高度化している。高度化は尺度なくして議論できない。一般論としては多様化の一例と位置づけしたほうがいいかもしれない。

多様化の促進にはできるだけ多くの種類システムの共存が望まれる。多ければ多いだけ多様なシステムの創造が期待されるであろう。

(6) システム発展の限界について　一般論としてシステムは発展を目的としているが、個々のシステムについてみれば、常に目的が達せられるわけではない。たとえば、人間個人は際限なく発展するものではなく、寿命があり、必ず死を迎える。地球も遠い未来には消滅するといわれている。

なぜ個々のシステムはいつかは消滅するのか。その理由は、こじつけかもしれないが、私は宇宙を構成するシステムが全体として新しいシステムが常に創造されつづけるには、古いシステムは消滅しても仕方ないという過程を物質が採択したのだと思う。

(7) 多くの事象の解釈について　Shanieの仮説の存立を仮定すると、私はいままで記述されてきたいろいろな現象について、なぜそのようなことが起こるかの理由を一歩深く解釈することができる。たとえば、物質系が進化する理由、人間の欲望に際限がない理由などを説明できる。

私が検討した事象はごく限られているので、実際にどの範囲まで Shanie の仮説を基礎に解釈できるかはわからないが、直感的展望では、自然および人間にかかわる本質的な事象の解釈が可能であるように思う。

従来の自然科学との関係

Shanie の仮説は、自然科学の貴重な研究成果を基礎にして私が考え出した仮説である。であるから、従来の自然科学の研究成果を否定するものでは決してない。しかし、従来のオーソドックスな自然科学とは異なった点がある。それは、自然に起こる現象もある目的をもっていると解釈していることである。といっても、全知全能の神様がもつかもしれぬ設計図を目的にしているわけではない。また、かつて人間原理が主張したように、人間を、さらには超知性を誕生させるという特定の目的のために宇宙が存在するのでもない。ここで目的というのは、抽象的であるが、絶えずより多種多様なより高度な機能をもつシステムをつくり出そうとしている、ということである。現代の人間には想像もできない機能をもつシステムが、未来には創造されるのではないかと思っている。

現代の自然科学は、無目的に存立する種々の自然法則が自然を進化させると解釈しているが、私は反対に、自然が進化することを目的とし、それを可能にするために、進化のそれぞれの過程で自然がそれに応じて法則を創造してきた、と解釈したい。

Shanie の仮説の存立を肯定するならば、自然現象も社会現象も同じ原理で解釈できる。従来、人間は目的をもって行動するが、自然は自然法則に従って行動するのであり、特定の目的をもたないと解釈されてきた。したがって、人間は自然から生まれてきたのに、自然がもたないまったく新しい機能をもつことになる。私はこの解釈になんとなく違和感を覚えていた。

話はとてつもなく飛躍するが、人間だけではなく、あらゆる生物もさらには生命をもたない無機物も、それぞれに相応した目的をもっていると解釈すれば、世の中に起こる現象の動機を説明できるのではないかと考えた。

人間も生物も道具も、すべて物質が構成する一種のシステムと認識することができる。そのシステムのもつ目的はシステムのもつ機能の発展、すなわち多様化高度化と解釈する。しかし、お断りしておくが、目的をもつからといってもそれが常に達せられるということではない。人間の場合でも、大きな目的をいだきながらも若くして病気で死んでしまうこともある。いだいた目的が成就するかどうかは、なってみなければわからない。いまの私には、なぜ目的が成就する場合と成就しない場合とが起こるのかを解釈できない。

Shanie の仮説がなぜ存立するか、その理由の解釈

この質問は、物質はなぜそのような機能をもつか、という疑問と同じである。なぜ Shanie の仮説が存立するかの理由を解釈しようとすれば、神を信じる立場と信じない立場では当然違ってくる。前者ではシステムの機能を発展させようとするプログラムを神がつくられたのだと解釈できる。それは神様の思し召しであるとして納得するしかない。神の存在を否定し、世界はすべて物質から構成されるとする「唯物論」の立場からは、それは物質の「本性の現われである」と解釈する。物質とはなにかについて、いろいろな唯物論があるようであるが、私は哲学的な議論はできない。ただ、すべての現象の裏づけには物質が存在すると信じている。われわれはいまだにその物質の振る舞いを知りつくしていないが、その本性として、システムをつくり、可能なかぎりその機能の発展を追求するのであると私は解釈する。その証拠を示せといわれると困るが、その解釈が私の感覚にもっともよく合うと申し上げられるだけである。

Shanie の仮説が存立すると私が信じる理由

一口にいえば、

(1)　私がいままで解釈できなかったいろいろな現象が起こる理由を、私なりにこの仮説を提出すると、独善的ではあるが、提出する前よりもよりよく解釈できるようになったからである。たとえば自然法則はなぜ存立するかの解釈、なぜ人間の欲望には際限がないかの理由の解釈などである。

(2)　Shanie の仮説が存立すると仮定すると、解釈に根本的に困るという現象をいまだ発見できないこと。未検討の課題が非常に多いのにこのようなことを言うのはまことに傲慢といえるが、そのような気がする。

3　Shanie の仮説を基礎に説明できる人間現象

人間はなぜ限りのない欲望をもつのか？

システムとしての人間が、自己のもつ機能の高度化多様化を求めるのは、Shanie の仮説が存立するとすれば当然の帰結である。その具体化を促す仕掛けの一つが欲望であり、欲望がなければ人間のもつ機能の発展は望めない。ただし、欲望はあくまで仕掛けであり、無批判に欲望のなせるままに行動することは人間の発展を保証するものではない。発展には欲望の具体化の可否を論じることのできる理性の裏づけが不可欠だと思う。

ここでは「広く何かしたいという心の状態（衝動）そのまま」を、欲望をもつということにする。倫理観を絡ませた欲望という意味ではない。

私は、Shanie の仮説の存立を確信して以来、人間を一つのシステムとしてとらえたとき、その本性の一つの現われが欲望として認識されるのだと解釈するようになった。欲望も理性も、Shanie の仮説が人間の発展を促すために人間に造った仕掛であると解釈している。

科学技術はなぜ発展するか？

科学技術の発展は、人間社会のもつ機能の発展の一つの姿である。人間社会のもつ本性の現われと解釈できる。人間社会がもつ欲望と理性のバランスが崩れないかぎり、科学技術は Shanie の仮説の具体化の姿の一つとして常に発展しつづけるであろう。

私は、科学技術の発展をおさえることは、人間の欲望をおさええないかぎり無理であると考えている。といっても、このまま未来に向かって科学技術が永遠に発展しつづけることができると信じているわけでもない。というのは、発展する科学技術の暴走を制御できる理性を人間が創造できるかどうかには、保証がないからである。すなわち、どのような科学を発展させ、どのような科学の研究をさせないかの判断が可能な理性を、どれだけ創出できるかが鍵であると思う。繰り返すが、Shanie の仮説はシステムは本性として機能の発展させようとする目的をもつことを示すが、それが実際の個々のシステムについてどの程度まで実現するかについては何も語らない。人間社会が育てた科学技術も、どの程度まで発展するかは Shanie の仮説は預言しない。

人間はなぜ人権の尊重を唱えるのか?

人間は常に理想の社会を求める。その際、共通している条件は、抽象的な表現であるが、「人権の尊重」である。それは社会を構成する人々ができるだけ平等に自己のもつそれぞれ独自の機能を発揮できることだと思う。

一九四八年十二月十日の国連総会で採択された世界人権宣言の冒頭には、次のように記されている。

「第一条　すべての人間は生まれながらにして自由であり、かつ、尊厳と権利について平等である。人間は理性と良心を授けられており、互いに同胞の精神をもって行動しなければならない。」

以上の文章の前半の「……平等である。」という結論も、それが得られた根拠は示されていない。恣意的な天下り的結論である。しかし、Shanie の仮説の存立を肯定すれば、この結論は天下りではなく、Shanie の仮説を根拠にもつすばらしい結論であると思う。

人はなぜ宗教を求めるか？

宗教とは、一口にいえば、教祖と呼ばれる人の教えを信じ、それに則って世の中すべてに起こる現象を理解し、その教えに従おうとすることではないだろうか？　宗教とは何かをここに議論するつもりもないし、その力も私にはないので、上記のような受け取り方で勘弁をお願いする。

人間というシステムは、考える機能をもっているので、自分が未来に向けこれから発展する基盤として、その安定化を求める。そこで人間はそれぞれ自分の世界観をもとうとする。その動機も、Shanie の仮説がつくるといってよい。その世界観の樹立の際の方法として一つの信念の体系をもとうとし、それを基礎にしてすべての物事を解釈しようとする。そこで、その宗教を信じない人から見ればまったく理解できない論理や感覚も、その宗教の信者には通用する。

その信念体系の具体的な教えは、既存の各宗教によって異なる。またいろいろな現象の解釈も、科学の発展によって時代とともに変わってくることもある。しかし、信念体系をもつこと自体が、それを信じる人間のシステムとしての安定性をもたらす。私は宗教も Shanie の仮説が人間に与えた一つの仕掛けと解釈する。しかし異なった宗教の共存は、一方では人間社会の不安定さを増す。それを制御する理性が必要であろう。

この稿の趣旨は、Shanie の仮説と宗教のかかわりあいを述べたもので、人間社会の発展における宗教の功罪を議論するものではない。それは興味深い問題であるが、私の力の及ぶところではない。

価値ある人生とは？

私たちはしばしば、価値のある人生を送りたいとか価値ある仕事をしたいとか、価値のある作品をつくりたいとか、価値あるものが欲しいとかを口にする。私は「価値」を次のように解釈している。価値ある物事や行動とは、人間個人また人間社会の機能の維持、高度化、多様化に役立つ物事、またそれらの機能を実際に発揮することである。人間はShanieの仮説の存立をとくに認識していなくとも、価値という言葉を使うことによって、Shanieの仮説が実現することを求めているのだ、と解釈したい。

なお、絶対的価値の概念の議論は私には無理であると思っている。そこで、私たちはしばしばこの短い一度しか生きられない人生を価値あるものにしたいとか、価値ある人生を送りたいとかいうが、価値ある人生とはどんな人生を指すのであろうか？

私は、第一は人間個人が自分がもっている機能をできるかぎり多種多様に発揮すること、第二はそれが人類の機能の発展に貢献すると自分で信じている行動を実現すること、であるといえる。Shanieの仮説に従って生きることが、価値ある人生を送ることであると解釈できるのではないであろうか？

4 物質系はなぜ進化するか？

ビッグバン以後、いろいろな過程を経て太陽系が生まれ、地球上に生命が、人間が生まれてきたことを、しばしば「物質の進化」と呼ぶ。Shanieの仮説がこの進化をもたらした動機であると解釈している。自然の諸法則が偶然に生まれ、それらが偶然に人間を創造したという解釈には私は違和感を覚える。

Shanieの仮説を提唱しようとした一番の動機は、この物質の進化を解釈したかったからである。Shanieの仮説によれば、自然現象ではない人間社会の歴史も、物質の進化の一齣として解釈できる。

次に、進化の連鎖と新しい法則の誕生についての解釈を述べる。ビッグバン以後、常識的な説明によれば宇宙が膨張するにつれて温度も下がり、いろいろな物質系が誕生していく。その過程に応じて、万有引力をはじめとして核力、電磁気力などさまざまな力が生まれる。無機物（非生物物質）などが進化して、生物が生まれると、生物どうしや生物と無機物との間に新しい関係が誕生する。無機物どうしの関係は、物理化学的法則を適用して説明できるが、生物が関係する現象は生物学的法則を適用しないと解釈できない。生物が進化して人間が生まれると、人間が関係する現象には人間学的法則の適用が必要になる。強調したいのは、物質系の進化は必ずその物質系に適用される新しい関係を律する法則を同時に生み出すということである。新しい法則の誕生と物質系の進化不可分と私は考える。すなわち、自然の諸法則もShanie の仮説の要求に従って生まれたと解釈できる。

5 Shanie の仮説からみた人間社会の課題

現代社会はいろいろな欠陥をかかえている。その克服に絶望して人類の滅亡を預言する人さえ現われた。この欠陥を生み出したいくつかの根本の原因を、後述のように解釈しているが、そのなかで、Shanie の仮説の存立についての認識の欠除が大きいということを、ここに指摘しておきたいと思う。

私が考える現在の人間社会の欠陥を次に述べる。科学技術の発展により人間のもつ機能が著しく拡大した。その結果、第一には、一方では人類の生存を脅かす科学技術も発達し、核戦争の恐怖や環境破壊をもたらした。第二には、人間社会全体としては、巨大な富が蓄積したが、その富の著しい不公平な分配（南北格差など）が、戦争を含む種々の紛争の勃発など、人間社会を不安定にしている。

以上のこれらの欠陥が生まれた理由を、私は次のように解釈している。

(1) 人間社会の発展の指標として、経済発展を第一に選んだこと。

(2) 社会発展の機構として競争原理を第一に選んだこと。これはShanie の仮説の無知に由来する。Shanie の仮説によれば、競争ではなく共存協同こそが社会の発展をもたらす。

(3) 人間社会が発展を続けるためには、その持てる力すなわち科学技術の発展に応じて社会制度の変革が不可欠である、という原則に無知であること。これはシステム発展の原理に無知であることに由来する。

人間社会が発展を続けるためには上述の欠陥を克服しなければならないが、そのなかでいちばん根本的なことは、矛盾する表現であるが、「種々の異質のシステムの共存を保持することこそが発展の条件である」という信念を、人間が共有することであると私は信じる。

では、はたして人間は現代の危機を克服できるだろうか？　現代は暗い話題に満ちている。二十一世紀は、二十世紀の冷戦が終結し平和の世紀の到来かと私は期待したが、現実は戦争の幕開けの世紀となってしまった。環境問題の克服のめどもついていない。未来を過去現在の延長としてとらえれば、未来は決して明るくはない。人類の滅亡を予想する論客も少なくない。しかし、Shanie の仮説は、この暗い未来を必然であるとは予測しない。未来は未知であるが、可能性に満ちている。物質の進化をあらためて振り返れば、生命のない無機物は生物を生み、生物は人間を生み出した。現代の人間が現代の危機を乗り越える次世代の人間をつくり出すことが不可能であるという理屈は、どこにも発見できない。Shanie の仮説は未来を予測できないが、われわれ人間の努力しだいで現代人の欠陥を克服し、明るい未来を創造する可能性が夢ではないことを描き出すことはできる。人間の研究においても、未来を忘れて、過去や現在の人間が人間のすべてであると評価する愚を避けねばなるまい。

私は地球上の物質循環における人間の果たす役割の解明という立場から人間を研究してきたが、その過程で、人間はなぜ地球にはたらきかけるのか、なぜ人間は生きることを求めるか、との疑問に答えたくなった。「すべては全知全能の神の思し召し」として納得するのは無責任のような気がした。こうした〝なぜ〟をどの程度の段階まで追求したら満足できるか不安であるが、それは自己の弱さを自覚することで克服するしかなさそうである。

第３部　現代文明のなかでの人間

第9章　現代文明の基本状況

小林直樹

私どもは総合人間学研究会を立ち上げたとき、現代の人類はかつてない深刻な問題状況に直面し、人類もその文明も重大な転換点に立たされていると指摘した（「はじめに」および序章のⅢ―3を参照）。人類がいま後戻りの難しい袋小路に入りかけている状況は、ほかならぬ人間の欲求（心）や行動が招いた結果である。そこからの脱路を拓くためには、人間の生活の仕方や存在意義に対する根元的な見直しが肝要だ、というのが私たちの研究会の出発点における共同認識であった。

この認識に基づいて私どもは、人間の総合的把握をめざし出発当初から一年余り、主に「人間の心」のテーマを中心に研究・討議を重ねてきた。ただそれは、学問的論議に傾き、やや現実問題を離れた嫌いがあった。そこで二〇〇三年秋のシンポジウム以来、現代文明の当面するアキュートな問題を直視することに重きをおいて、情報やコミュニケーションや紛争などの現代社会の諸側面の分析・考察を試みた。

現代の諸問題は、きわめて複雑かつ厖大で、とうてい二、三回のシンポジウムで討議しつくすことはできない。しかし、それだけにいっそう、個別の現実問題の意味や位置づけを知るためには、全体的な俯瞰図が必要となろう。そこで、序論として少しく包括的な考察を試みておくことにしたい。

もっとも、以下に取り上げる問題はいずれも、世界の知識人たちには周知の事実であって、あらためて論ずるまでもない事柄とみられるから、それらの羅列はあまり意味がないであろう。ここで大切な眼目は、次の三点にあると考える。

第一は、それらの事実を総体として見わたすことによって、現代文明の問題状況を全文脈のなかで正確にとらえること。第二は、それらの解決の方向づけを行って、文明の閉塞状態の活路を探ること。第三には、その前提として、主体となる人間の存在目的を求め、人類のありようを根底から考え直すことが求められよう。

以上の目的に沿って、ここでは現代文明の当面する矛盾や難問のなかから、八個の問題を取り出し、便宜的に二つのグループに分けて概観を試みる。第一のグループは、今日の高度技術社会が文明破綻のパラドックスを惹き起こしつつある四つの「世界問題」である。（ここにいう「世界問題」とは、諸国民の協力なしには解決しえず、しかもその解決なしには〝人類の未来はない〟と考えられる重大なグローバル課題を意味する。）第二のグループは、現代社会が以前から抱えてきた、解決困難な現実問題のなかから拾い出した諸問題である。ただし、このグルーピングは、便宜上のもので、学問的な区別ではないし、格別必須なものでもない。むしろ各項が相互に深く関連しあう面に留意されたい。

なお、本章は上述からも知られるとおり、きわめて一般的な叙述になるけれども、それは同時にこの第３部の序論的意味をもつといえよう。第10章以下の諸論考は、執筆者各個性の所産で、いずれも本章とは直接かかわりなく書かれたものであるが、そこに展開されたテーマは大体において、本章が問題として取り上げた範域のどこかに位置するといえよう。

1 現代技術社会のパラドックスとしての「世界問題」

環境破壊――人類の「墓穴掘り」の矛盾

今日の技術の進歩は、人間の生活の利便をめざましく向上させた反面で、地球の自然環境を汚染・破壊し、そのバイオシステムまで侵害するに至った。大量生産＝消費による自然と生態系の破壊は、人間が自らの生存基盤を損う重大なパラドックスである。陸海空にわたるグローバルな汚染、森林の減退と砂漠化の進行、それらの結果としての地球の温暖化等はすべて、人間の生活の基礎を揺り崩す愚行である。この矛盾にストップをかけ、グローバルな規模で自然環境の保全と回復に努めることは、人類と文明の存続のための必須の条件であり、現代人類の急務である。

二十世紀の七〇年代後――とくにストックホルムの世界環境会議をきっかけに――この環境問題の重要性は、心ある人々の共通関心となった。「宇宙船地球号」という観念が拡がり、一時期は人類が「かけがえのない地球」(Only One Earth) に共生することの意味が高らかに唱えられもした。ところが、おおかたの国々で、環境対策は政治・経済の第一課題とはされず、世界レベルでの環境保全は、むしろ全体として後退してきた。このように、その対策が遅れている主要な原因は、企業や国家の集団エゴイズムと一般大衆の無関心など、現代人類の心眼の狭さにあるのではないか。大部分の為政者や行政官僚たちは、口先で環境問題の重大さを認めながら、「総論賛成・各論反対」の立場をとってきている。当面の(軍事や経済などの)問題に耳も心も奪われて、人類全体のあり方を考えないのは、人間の貧しい性《さが》のせいであろうか。そうだとすれば、人類は想像力や先見性に乏しく、自らのエゴイズムによって衰弱の途をつっ走る、余り賢明でない生物だということになる。いずれにしても、現代人は生死をかけた岐路に立っていることを、本格的に自覚しなければならない。

戦　争――この〝狂気の沙汰〟は人間性によるのか

近代国家は、「国の安全と独立」を守るという理由で、軍備の充実をはかり、またしばしば戦争を繰り返してきた。しかし、現代の軍事テクノロジーの進歩は、「核」をはじめとする大量殺戮の手段を発達させ、人類の生存そのものをも危うくするまでに至った。このため現代では、戦争は「政治の手段」たる意義を失い、いかなる戦争目的をも無意味とする愚行となっている。しかも戦争は現実的にも、民族の紛争や国家対立などの問題を解決しないばかりか、非人道的な大量破壊によって事態を悪化させ、組織的殺人の悪を冒し、難民を大量に生むという禍悪のもととなっている。それにもかかわらず、この悪行を重ね、軍備に狂奔することを〝現実主義〟と考えるのは、人間の破壊性や闘争本能に基づくのだろうか。結論からいえば、この〝狂気の沙汰〟は人間本性によるものではなく、視野の狭い「国益」論や〝産軍共同体〟のような〝閉じた集団〟エゴイズムに、その主要因が見出されるであろう。理性的な諸国民は、「核」の廃棄をめざして共同すれば、困難ではあるが人類共生の平和システムの構築に成功すると思う。

人間はあらゆる生物のなかで〝もっとも残虐な殺し屋〟だといわれる。すべての動植物を自分の生活や享楽のために殺し・利用して、平然たるありさまは、まさにそのことを裏づけている。しかし他面で、互いに助け合い、支え合って、高度の文化を創ってきた点では、人間は温かい感情で共生を望む和らぎの種族でもある。闘争と平和、荒ぶる心と和魂とをもつ両面的な存在として、愚かしい戦争を廃止する方途を理性的に探ることが、現代人の第一の課題といえよう。現代の軍事テクノロジーのもとでは、「正戦」はないと見定めて、あらゆる紛争の平和的解決を進めていくことは、人類の共生にとって可能かつ必須の条件である。

情　報――過剰のなかの貧困と偏差

現代は、工業社会から情報社会への移行期だといわれる。実際、電波機器のめざましい発達によって、情報の流れのスピードと広がりは、以前には想像もしえなかった規模で進行中である。ＩＴの発展にともない、世界中の情報の流通が人々の生活様式を急速に変えつつある。以前から情報の重要さは、政治・経済・軍事などの分野で認識されていたが、その度合は今日格段に高まり、情報を支配する者たちは、その劣者に対して決定的に優位に立ち、格差を拡げることで国家間・個人間の差別を拡大再生産しつつある。もう一つ重要な問題は、情報量の凄まじい増大のゆえに、情報の過剰のなかで大方の人民がかえって情報の軽重の区別を見失い、皮肉にも見かけとはまったく逆の〝情報の貧困〟に陥り、その結果として権力の情報操作に左右される、というパラドックスが生じやすくなっている。情報化社会における人々の自由と平等の歪みや喪失に対して、現代コミュニケーションのあり方の検討が重要な課題となる。

情報機器の発達と普及によって、現代人はこれまでの人類の想像もしえなかった利便と恩恵を受けている。その反面で、多くの人々は意識しないまま、それらの機器に振りまわされ、重大な疎外を蒙っている。〝一億総白痴化〟といわれたＴＶの軽薄番組や、人々を夢中にさせるゲーム機器（ケータイを含む）、人々を歓楽や犯罪などに誘うことも多いインターネットなど。人類がこれまで経験したことのない事態が、これらによってつくられつつある。なかでもＩＴを駆使した投機経済は、短期間に巨額の利得を得る富者と大負債を負う敗者を産むだろう。社会の格差を増大したり、上述のように人々の思考をさえも左右しかねない情報化の時代のなかで、人類は自己や人間関係をどう方向づけるか、自らの産出した難問と対面しつづけなければなるまい。

生命操作——〝神の領域〟の侵犯は許されるか

生命科学と医学の進歩も、多くの恵沢をもたらしている反面、人間としてとくに倫理面で問われるべき重大な問題を提起している。種々の人工生殖や臓器移植およびそれに連なる脳死の判定などは、一昔前の常識を変え、すでに相当広く承認されつつあるけれども、その先には未解決の問題が続出している。顕著な例は、従来〝神の領域〟とされてきた生命操作の実験や実行に見られる。遺伝子学の飛躍的進歩は、クローン動物の誕生のような成果を生み、動・植物への遺伝子操作を成功させてきた。「クローン人間」にはまだ拒否反応がつよいけれども、人間の胚の医学的利用は賛否半ばの状態ながら、〝人間救済〟の名目で実現に傾きつつある。

私個人は、バイオエシックスの問題に対してはやや保守的であり、〝過度に自然に反する〟生命操作には賛成しがたいと考えている。一方で文化と技術はもともと、「自然に反する」面をもっているが、〝行き過ぎた〟技術はやはり、人間の生活にはねかえり、個人にも社会にも大きな禍害を及ぼすことになる。「過度」の定義は立場によって異なるので、争いが生ずる余地があるが、さしあたりは良識に従ってよかろう。論議の残る問題は、学問上の〝アイス・ボックス〟（G・テーラー）に入れ、実行は急ぐべきではあるまい。一般的にいって、加速度のついた人間文明の進歩には、抑制が必要である。「そんなに急いでどこに行く？」という、交通道徳上の問いかけは、現代文明の推進者たちのすべてに発せられるべきであろう。

そうはいっても、競争原理に馳せられた現代人は、各自の地位や名誉のかかる現場の仕事を推し進めていくだろう。したがって、たとえば、クローン人間の製造のような、人間存在じたいの根底を揺るがす、バイオテクノロジーの推進などには、各国家が共同歩調をとって、法的抑制に及んでよいと考える。（これは学問への権力的介入ではなく、応用技術への制約と見られるべきである。）

2 現代社会の難問・瞥見

人口・資源・食糧――欠乏と動乱の憂い

人口の増加率は低下しつつあるけれども、今世紀の中頃には、世界人口が一〇〇億のラインを越えるのは必定と見られる。これは、食糧や水というもっとも基礎的な生活必需物資に限ってみても、地球のキャパシティを越え、一般に資源窮乏の時代に入るとみなければならない。現在すでに、辛うじて生活できるボーダーライン層は一〇億人以上（うち一日一ドル以下で暮らす絶対貧困者は、UNCTAD報告によれば三億人以上）にもなるから、そこに新たに四〇億人が加わる場合、仮りにその半分ほどが救済されるとしても、ざっと二〇億人ほどの生活難民が生ずると見込まれよう。二〇〇〇年前にマルサスが予言した飢餓状況は、いまグローバルに実現されつつあるといえよう。この大量難民の増加と移動は、有限な〝宇宙船地球号〟を窮乏と動乱の修羅場に化する惧れがある。有効な人口政策の実施とともに、限りある資源の賢明な使い方と公正な配分法を考案し、動乱や資源戦争の防止のために早急な手だてを講じなければならない。

人口の制限には、宗教上の信念や社会的必要などの面で、反対にはたらく力があって、種々の難問を生じている。欧米におけるアボーションの反対に見られるように、〝pro-life〟などの人道上の理由に基づく反対は、手ごわいものがある。しかし、小さな惑星〝地球〟の有限性を考えれば、無制約な人口増加は、上述のとおり人類の平和な共存を不可能にすることが明らかである以上、理性的な抑制策は必須である。なお、人口増加の顕著な地域は、アジア、アフリカの「南」の貧しい地方であり、そこでの教育や生活のしかたについて、「北」の諸国からの長期的な助言や支援が必要である。この問題は、次項で述べる「不平等」や歪みの問題に接続する。

差別＝不平等——古典的不条理の拡大

世界人権宣言、国際人権条約および民主諸国の憲法は、例外なく人間平等の原則を掲げ、不当な差別の禁止を定めている。しかし、近代以来の「平等」の大原則は、奴隷制がなくなった今日でも現実に裏切られ、ある種の差別は増幅されつつある。前項でふれた経済上の不平等は、その最大因といえよう。ちなみに、世界の金融資産についていえば、その四〇％は僅か世界人口の〇・一％強の富裕層に占められ、無産の数十億は、無力に放り出されている。この貧富の格差は、政治・社会における差別を生むことになろう。——現にアメリカ主導のグローバル市場の拡大は、少数の情報・技術の優越者に勝利と優位をもたらし、大多数の〝劣等者〟をますます貧困に追いやり、多くの「南」の国々に憤激と怨恨を生み出しつつある。こうした不平等と差別は、人種や宗教上の差別と絡みあい、世界に不安定な混迷や暴力テロを招来している。この不条理は、資源の平等配分と貧困層の救済および教育の整備によって匡正されなければならない。

不平等は再生産される傾向にある。たとえば財産の不平等は、教育や技術習得の機会の不平等のゆえに、社会的地位や収入の不平等を生じ、それがまた富の不平等に帰結することになるからである。それはまた、人種的偏見や差別等と連動して、民族間の不平等をも生ずることによって、グローバル規模での社会的歪みの原因となり、世界の不安定や動乱を惹起することにもなる。平等原理が各種の人権宣言の中心部分に置かれているのに、現実に実現されがたい状態にあるのも、そうした差別再生産の不幸なダイナミズムに基づいているといえよう。人々の心理と生活の全面にわたって、平等原則を実現させていくためには、そのような再生産構造の変革をも必要としていると思う。

犯　罪――現代人の心と社会の歪みの病理

日本に今日多発している異常犯罪は、多くの富める国々に共通する現代社会の病理の現われと思われる。あどけない幼児を平然と殺す少年、無抵抗の児童たちに兇刃を振う成人、無惨なリンチで仲間を虐殺する青少年たち。親を殺す子・子を殺す親、それにサリンを撒いて無差別殺人を行った宗教グループ等々、いずれも在来の常識では理解しがたい現象の噴出である。これらの兇悪犯罪の人々には個別の理由はあろうが、いずれも人々の心の荒びと社会の歪みを示す病理的徴候といえよう。それらの基底にはとりわけ、現代社会にグローバルにはびこるマンモニズム（拝金主義）と、人間をマシーン化する〝効率優先〟など社会の機械化傾向が、共通にはたらいていると思われる。この冷たい打算や競争に駆られる現代社会では、自然と人間の交流のなかで育つ隣人愛の芽は枯れ、人々の心は機械化のなかで荒み病むことになろう。人間的な触れあいとコミュニケーションの再建がつよく求められる。

現代の先進社会には、人の心を荒廃させ、人々を犯罪に誘う諸々の要素が満ちている。鉄とコンクリートでできた大都会には、かつて人間が語らい遊び親しんだ緑や生き物がない。そこには人々の欲望をそそる歓楽や財物や広告が充ち溢れている反面で、人間の豊かな魂を育てる人と人との交りは乏しく、打算と競争の冷たい人間関係が人々を機械のように動かしている。またテレビやケータイやパソコンなどの電波機器が、人間の心の交流の代わりに、無数の幻影や虚像に満ちた情報をとび交わして、人々を怪奇なバーチャル・リアリティの世界に引き入れている。こういう現代社会で、豊かで温かい人間を育てることは、容易でない仕事となろう。歪んだ社会の病理から人間を恢復させる教育の仕事は、ますます困難になりつつある。

国家という制度——その揚棄に向かうべき時代

文明の開始いらい、国家という政治構成体は、その成員の生活と安全の保障と文化活動の支持などの面で、大きな役割を果たしてきた。精巧なコントロール・マシンとなった現代国家も、諸国民にとって不可欠な組織として承認され、それなりの活動を続けている。しかし、これまで見てきたような「世界問題」の解決という点では、旧来の国家はその意志も能力ももたず、むしろしばしば問題を産出・悪化させる負のはたらきをしている。文明のグローバリゼーションが進み、人々が世界市民として共生・共存をはかるべき現代においては、一定の地域を占有し他の支配を排する「主権国家」という制度的枠組みは、やがて歴史的使命を終えて、次第に人類主権の全地球システムのなかに共存する支分国（州）に変わるべき段階に入りつつある。「国家利益」を政治の最優先の指導原理とした、国家という閉じた制度は、将来は世界（連邦）の地方自治体に変わって、平和な世界システムの担い手となるべきであろう。

しかし、大筋としてこのような見通しができたとしても、世界連邦への移行がいつ頃に実現するかは、むろん予言はできない。各国家のエゴイズムはきわめて根強く、「国益」（raison d'État, Staatsräson）は今しばらくは、国家の指導原理であることをやめないであろう。それに、国家がその国民の生命・財産などを保護するなどの重要な任務を担当するという役割も、世界秩序にとって不可欠であるから、国家を解消することは当面は不可能である。ただ、国家の担うそうした機能は、連邦制下の〝州〟（state）に委譲できるであろうから、十八、九世紀以来の政治枠組みとしての国家の揚棄は、むろん夢物語りではない。すでにEU（欧州連合）で実現されつつある動きは、地球レベルでの共同体システムの可能性を十分に示唆しているといえよう。

3 結び――文明の袋小路からの脱却

上に概観してきた現代社会のさまざまな歪みや、人類の当面する「世界問題」は、現代人が歴史上かつてない大転換点に立たされていることを示している。旧来の感性や道徳や政治原則では処理できない多数の難問が、「世界問題」としてその解決を現代人に求めており、その解決に失敗すれば、人類文明は確実に転落・衰退する運命を免れないだろうからである。それどころか、悪くすると人類はその存続さえ疑わしい危地に、自らを追いやることになろう。この歴史的ターニング・ポイントに立って、人類の存続と文明の袋小路からの脱出を可能にするために、私は人間学の立場から以下の五つの基本条件（あるいは高次の倫理的格率）を掲げ、同じ志をもつ人々の検討を受けることにしたい。

(1)　私たちは、宇宙論的視野をもって人類のコスミックな位置を確かめ、この宇宙に生を享けた〝奇蹟〟を思い、〝思考する主体〟として在る〝有り難い〟運命に応えて、自らの宇宙論的課題を見出すべきである。――それを見出せば、互いに愚かな闘争をし、とくに戦争で殺し合うごとき〝狂気の沙汰〟は冒さず、理性的に生命を充実させることができよう。中国の古人も喝破していたではないか、「石火光中此の身を寄す。蝸牛角上何事をか争う」と。人生がはなはだ短く成すべきことがたくさんあるのに、地球という小さな惑星の上で、何のために下らぬ争いをし、殺したり傷つけ合ったりするのか。考えてみれば、誠に馬鹿げた仕業ではないか。果てしもない大宇宙の中で、〝奇跡〟として与えられた生命の貴さと短かさとを思えば、各自のいのちを大切にして、すべての人がそれぞれに幸福でありうる共生の途を拓いていくべきであろう。

(2)　われわれの生存は、地球の好条件（豊富な水、太陽との適当な距離で受ける日光、宇宙線から生命を守る大気圏など）に慈まれ、その上に繁殖した多様な生物に支えられている。地球上での生命の誕生と長い進化の歴史をつねに念頭におき、この小惑星上に編み出されたエコシステムを大切にいたわり、すべての生命の貴重さに敬意を払い、できうるかぎりの共生をはかるべきである。――生物間には闘争や競争の自然法則があるし、人間も他の動植物の摂取なしには生存できないから、生命過程は完全な平和共存で進むわけではない。しかし、全生物が祖先を同じうする、広義の同胞でもあることと、エコシステムのもとでのみわれわれの生命の存続が可能であることを忘れてはならない。人間が他の動植物をあたかも自己の所有物であるかのように、自分勝手に利用・処分している、傲慢な、自己中心的態度は、根本的に反省されなければならない。

(3)　人間の物化と同胞殺戮は、人間生存の意味を否認する、極悪のなかの最たるものである。とくに組織的殺人を行う戦争のために、人間の知恵とエネルギーを傾けることは愚行の極みである。人類ほど、残虐かつ組織的に同類と殺しあう生物は、ほかには見られない。人類がその秀れた頭脳を使ってつくり出した、大量殺戮の道具（兵器）・それらを駆使してより効率的に同胞の殺傷を行おうとする殺戮専門の〝殺し屋〟集団（軍隊）は、人類文明の最大のパラドックスである。このような殺戮専門の組織と、それを当然のごとく養成・行使している国家というシステムは、人間生存の意味に照らして根本的に検討されるべきである。少なくともそれは、自らを〝神の子〟になぞらえ、その尊厳性を自負してきた人間にとって、このうえない矛盾であり、生物界のありようから見ても説明しがたい自己否定である。とりわけ破壊兵器を異常なまでに発達させてきた現代人は、戦争という最大の悪行をやめるために、英知を傾けなければならない。いまや私たちは、大量殺戮兵器の前に立って、あらためて〝生きねばならない〟と決意すべきである。

(4) 人間は、武器・カネ・情報機器など、人間自身がつくり出した道具類に振りまわされ、自傷・他傷の行為に出る愚かさをもつ、弱い存在である。文明の開始とともに人類が発明してきたこれらの生活道具は、ほんらい人間の生活と欲求充足の手段であったのに、逆に人間を振りまわすようなはたらきをもってきた。とくに貨幣（カネ）は、多様な生活価値の入手を可能にする手段として、それ自体が多くの人間の獲得目標となり、人々の欲望をそれに向けて駆りたてるものとなった。その結果として、多数の人間は、カネを人生の目的であるかのような誤想に陥り、そのために人の生命をも奪うといった愚行に出て、人生を棒に振るような所業を繰り返してきた。人間存在は、このような物質的利益をはるかに越えた高雅な目標をもちうるのに、その反面で愚かしい反理性的存在に堕落もする可能体であることを忘れてはならない。

(5) 倫理の根元は、人格の相互尊重にあると思われる。〝現実主義〟の落とし穴に落ちこまないで、豊かな共生を可能にするためには、上記の諸点を銘記するとともに、道徳の黄金律である「お互いに欲する処を他者に為す」という格率を、もう一度喚び起こす必要があろう。「論語」では、「己れの欲せざるところを人に施す勿れ」といい、新約聖書では「自分にして欲しいことを他人にしなさい」と教えている。異口同音のこの原理は、要するに自他の人格と欲求の相互承認ということである。先に述べた宇宙における生命の意味やわれわれ個性の奇蹟的存在の意義と照らし合せて、お互いの人格の認め合いをしていけば、いま現代人が陥っているような危険な状況から脱出して、希望ある新しい段階に進んでいくことができるのではなかろうか。いずれにしても、文明はこの共生原理の上に、再建されなければならないとおもう。

今日の日本に眼を向ければ、第7章でふれたほかにも、さまざまな負《ふ》の現象をつくり出す「日本人の心」には、検討すべき問題が多い。政治や行政や経済の分野での諸犯罪に見られるモラルの頽廃、マスコミや労働組合等にも拡がる体制批判能力の減退、外務官僚や若手保守政治家たちにみられる対米追随（自主・独立の精神の欠如）の傾向、子どもたちから想像力を奪う教育指導（「君が代」強制等による画一化など）、民主憲法を軽視する政治指導者たちに安直にだまされ、高い支持を与えつづける多くの国民の低い政治意識、……一般的に、卑俗な実用主義の横行と理想主義の消滅等々。これらは憂うべき心の貧困と退行を意味すると思われる。どうしたら立ち直りができるだろうか。日本社会のこの現状のなかには、人間学の側からも考究すべき現実問題が、山積しているといえよう。

第10章　競争・共生・寛容――生態学から

佐藤　節子

はじめに

二十世紀は競争の時代であったが、二十一世紀は共生の時代である、といわれる。そのスローガンをどのように受けとめればよいのか。競争と共生とは対立し反発する概念なのか。そうだとすれば共生は競争を排除したところに実現される平和な共存共栄ということになるのか。それとも共生は競争を通して実現される生のあり方なのか。そもそも共生というものが、単独ではなく他とのつながりにおける生であるとして、それは何と何の、またどこまでのつながりが考えられるのか。

ヒトは自然界に棲息する生物の一種である、生物の一種でありながらヒトは他の生物がなしえないことを実現してきたことは事実である。それはヒトが大きな脳をもち、それが高度な言語システムを発達させたからである。言葉を理解する動物は人間だけでないという動物学者の研究報告は多い。しかし言語を用いて宇宙をも含む地球自然と人間を認識し、それを人間外部の大きな記憶装置に収納できるのは人間だけである。つまり脳と言語システムによって人間は、自然界と人間の間に膨大な「環境」をつくり、それをインターフェイスとして科学技術を、文化文明を創出しつづけるのである。一般には環境とは自然環境のことだと考えられている。

しかし自然界と環境とは別の概念である。ここで「環境」とは、人間が対象を経験的に認識したことを言語もしくはその他の記号で表出したものの堆積の全体、つまり「人工環境」である。認識の対象はマクロコスモスとしての自然とミクロコスモスである人間自体に及ぶ。これら二つの対象を知る作業は別々の原理ではなされない。同一の原理によって両者が統一的に了解されるとき、それにある時代的徴表を示す名前がつけられる。

われわれが享受している現代の豊かな生活を生み出した「人工環境」は西欧近代の原理である。それをもっとも先鋭なかたちで具現しているのは二十世紀のアメリカである。自由を基調とする旺盛なフロンティア精神は自然を開拓し、ありのままの自然に価値を賦与し、そうすることによって人類の繁栄と幸福を実現するのだ、それをなしうるのは神にもっとも近い存在である人間のみであり、その能力を発揮するのは人間に与えられた使命である、と。ところがこの「人工環境」に疑問の目が向けられはじめた。それをインターフェイスとする活動は自然の征服であり、自然の破壊ではないか、と。

地球上に開拓すべきフロンティアはまだ残されているだろうか。新しいフロンティアがないとすれば独立不羈のこの近代精神は次にはどこに向かうのか。それともこの精神は自らが生み出した諸問題を解決する能力を喪失しているので、何か別の「人工環境」がそれに取って代わらなければならないのか。(1)

1 自然と人間との間におかれる近代の「人工環境」

自然とは何か。その実在はどのようにして知られるのか。常識的信念では、自然は人間と独立に存在する世界である。そして自然を知るということは人間の知覚によってそれを見えるとおりに忠実に写しとることだ、と。自然のこの認識方法は模写説とも素朴実在論とも呼ばれている。

しかし十八世紀には、自然を固定的、静的に見るこの模写説は、主観が対象を産出するというパラダイム転換によって覆された。ありのままの自然が実在するのではなく、主観の思惟が自然を構成するのだというのがそれである。ここでも人間と自然とは二項関係にあるが、模写説の場合と異なり、自然は人間の認識によって現象するのである。模写説における能動的自然と受動的認識主体という関係は、能動的認識主体に対する受動的自然という関係として向かい合う。構成主義は表象の向こうに自然が在ることを否定するものではないが、構成主義にとってはそれは「何か」としか言いようのない知覚の対象にすぎない。その何かを認識作用によって、これが自然の実在であるとつくり上げていったものが自然である。次のように言ってもよい。何かとしての自然は変転きわまりない。パンタ・レイである。それを理性という認識能力によって一時静止画像にしてとらえ、言語その他の記号で表現したもの、それが自然の実在になるのである。それは認識主観の作用の結果にほかならないが、カントのように人間には対象を認識する形式が先天的、普遍的に備わっていると考えるならば、そこに産出された自然の「人工環境」は普遍性、客観性をもつといえる。しかし「人工環境」のこの客観性・普遍性の主張は循環論法によるそれでしかないことはいうまでもない。

認識される対象は人間自然（human nature）にも及ぶ。人間は見えるがままの身体の存在ではない。人間もまた人間の認識能力をとおしてつくられていく。近代では人間は次のようなものとして顕われた。人間は他の生物がもたないいくつかの特性を先天的かつ普遍的に具有する。いわく人格、理性、自由意志、尊厳性、人権など。私に言わせればそれらは観念の産物の言語的表現にすぎないのに、われわれの思考に多大なる影響を及ぼした近代哲学は、それらの諸性質は人間に先天的、普遍的に備わる認識能力によって知られた人間自然の諸性質であるから恣意的ではない、それらは人間の客観的属性である、とした。人間は生まれ、成長し、老化する。その間、姿・形だけでなく、考え方も感じ方も好みも刻々と変化する。パンタ・レイである。しかし近代主義は人間自然は終始同一であるという。人間だけは生まれ落ちたときすでに上に述べたような普遍的諸性質を具有している、と。このようにして近代主義は人間を、固有の諸本質をもつ存在であり、そのことのゆえに特別な位置にある特別な存在だとする「人工環境」を用意した。

次のことを付言しておく。「人工環境」は近代がはじめてつくり出したというものではない。ここにいう「人工環境」は人間が諸対象について知見したこと、観念したこと、伝承された信仰・習俗などを、儀式、絵画、建築、そして言語など何らかの記号で残すことを覚え、それに基づくさまざまな活動をしたとき以来、蓄積されつづけているのである。それが科学であり、文化と呼ばれるものである。それゆえわれわれが生まれたときにはすでにして膨大な量の「人工環境」が待ち受けていたのである。われわれはそのごく一部を間違いないもの、善きものとして教えられ、学習し、そこで習得した「人工環境」をインターフェイスとして自然や人間という対象をとらえ、あるいは対象と「人工環境」との間の齟齬を修正し、新たな「人工環境」を既存の「人工環境」の中に加えていくのである。それができるのは人間には想像し、考える力があり、それを言語やその他の表現方法、すなわち広義の記号で外に表出し、蓄積する能力があるからである。

日本を含む先進諸国のもつ現代の「人工環境」の中心的イデオロギーは、上述したような人間自然から導かれた自由主義、民主主義、人権主義である。これらをインターフェイスとして活発な経済活動が行われ、科学技術の発展が促進された。第二次世界大戦後、文字通り焼野原に無一物で放り出された者には、いまの経済的豊かさも自由度も当時思いも及ばなかったものである。ところがそこで用いてきた「人工環境」とそれをもとに展開してきた諸活動が徐々に、近年急速に、無視できない大問題を生み出してきたのである。近代の「人工環境」が地球自然の存続と対立・抗争する関係になったのである。「人工環境」はインターフェイスであるから、それが接面する相手方と相互に利益になるようにはたらき、あるいは相手方が変るのに応じてもう一方も柔軟に対応できたならば問題は起こらない。ところが自然界を殺傷するようなインターフェイスが確固不動のものとして地球自然と対峙するならば、そのインターフェイスの形や性質を変えないかぎり両者は対立し、ギスギスした関係になる。われわれは、今、近代の「人工環境」が自然だけでなく人間をも傷つけつつあることに気づきはじめている。しかしそれの修復はさらなる科学をもってなされると豪語するとき、たとえその人が「人間と自然との共生」を叫ぶとしても、そこに「人間は自然界の中に在る」という発想があるとは思えない。

2 生物共生の原型

生物は生きて、子孫を残していかなければならない。生きていくために同種間でも異種間でも餌をめぐる競争は避けられない。生物学者はこの競争関係のタイプを搾取関係、競争関係、双利関係に分けて説明する。搾取関係とは、一方が利益を得て、他方が損をする捕食者と餌生物との関係である。たとえば、人がお米を食べ、牛が牧草を食む捕食関係や、結核菌などの病原体が人の体内に入って生き延びる寄生関係などがそれである。捕食関係も寄生関係も一方が他方から利益を受け、他方は損をしている関係であるが、いずれの場合も利用する相手をすべて食べ尽くしたり、宿主をただちに殺したりはしない。そうすれば自分も死滅してしまうからである。また一方がもっぱら損をしているように見えても、少し長い時間でみれば必ずしもそうとはいえない。牧草は食べられることによって次の年いっそうよく繁茂する。

次に競争関係であるが、それは相手がいることによって共に繁殖上の不利益をこうむる場合である。ライオンとハイエナが共にシマウマを狙う場合、ライオンが増えるとシマウマが減り、ライオンもハイエナも餌の獲得に苦労することになる。競争関係は相手に迷惑をかける関係のことで、勝つか負けるかの問題ではない。

三つめは双利関係である。掃除魚は大きな魚の体表や口の中の寄生虫を食べ、その代わりに大きな魚は掃除魚に安全と安定した餌を提供する。また腸内細菌はヒトの腸内で生き、繁殖することができるが、ヒトは腸内細菌によって便通が整うという恩恵を得ている。しかしこの双利関係はいつ搾取関係に転化するかわからない。掃除魚は大きな魚に食べられることもあり、またヒトの腸内の細菌は重い潰瘍や怪我などで腸壁に孔をあけ、敗血症を引き起こすかもしれない。

上に述べた生物の生き方の戦略は生物学者によって生物共生と呼ばれているが、その共生は、相互に関係を結び、干渉しあいながら、生きるために全精力を傾注している生き方の実相であるから、別の角度からみれば、搾取関係も双利関係もすべて含めて生物共生は生物間生存競争でもある。共生という言葉のソフトな響きから、それはそれぞれの違いを尊重し、お互いに干渉することを避ける生き方と考えられがちである。動物の間では、事実、たとえば草原におけるシマウマとダチョウの関係のように、お互いに干渉せず、競い合うこともなく平和的に共存するという共生はある。しかしそれは生物の共生を論ずるとき特別に取り上げる必要のない共生である。

生きものは単独では生きられない。生きものは、個体の遺伝子については一様ではなく、種に関しては多様であるが、この事実は彼らが単独かつ同じものとしては生きられないところにある。このことは異なる性をもつに至った生物についてはとくに妥当する。違うものどうしが共に生きるのであるから、葛藤や競争があるであろう。譲歩するタイプ、強引に収奪をはかろうとするタイプ、序列をつくる動物のむき出しの闘争など。一度序列ができるとそれを覆すのは命がけである。しかし二つが干渉し合い、相互の矛盾を克服し、補い合うことを学習し、そのようにして到達する相互依存が生物共生の内容である。この自他の関係は気象や棲息状況の変化などによって絶えず新しいものを生み出す流動性にさらされるが、生きものは相互に補い合うことによってしか生を全うすることができないという自然のあり方は変わらない。(2)

[3] 市場経済における競争

競争はいつの時代にもある。人間に欲望があり、それを満足させるに足るだけ十分な資源がなければ、欲望を抑制するのでないかぎり、当然のこととして資源の奪い合いが起こる。正義を掲げる戦争が富への欲望を充足するための資源獲得競争であることは歴史上の事実である。

人間の欲望に対して、それを満足させるだけの資源はない。そこで問題は、どうすれば資源をうまく使ってモノを生産し、効率的に配分し、人間の欲望に応えられるか、ということになる。経済学は次のように教えてくれる。限られた資源を、個々人の欲望をうまく満たすように分業によって商品化し、それを消費者に届ければよい。その仕組みが市場経済である。市場は消費者が何を欲しているか、どのくらいの値段なら買うかを表明する場である。生産者は消費者の表明した欲望（需要）に対して、どれだけのモノを生産し、店頭に届けるか（供給）を決めて生産する。需要と供給とが一致する状態、それは消費者にとっては望むものを手にすることができた、企業にとっては売りたいものが売れた状態であり、それを資源の観点からみれば、もっとも効率的な資源配分が達成された状態――パレート最適――である。パレート最適は、政治における投票が市場において貨幣によって実現されたものと考えてよい。貨幣は選挙のときの投票用紙に相当する。この人がよいと決めて投票する選挙行動と、この商品がすばらしいと決めてお金を払う経済行動とは類比的に解される。人気のある政治家が当選し、人気のない政治家が落選するように、人気を呼んだ商品はたくさん売れ、それをつくった企業は発展するが、誰も買わない商品を供給した企業は衰退していく。ある商品が必要か不必要か、どの企業が伸びるか倒産するかを、誰に強制されることもなく、自由に、各人がお金で投票する。それゆえ市場メカニズムがはたらいている社会は民主主義国家である、と。

もちろん経済学は市場において需要と供給とはいつも均衡しているといっているのではない。現実にはそれぞれの商品の市場において、需要と供給は一致しない方が多い。しかし市場にはこの不一致を均衡の方向に向けて調整する機能がある。もし不均衡な状態が続くとすれば、それは市場経済外の要因によるのであるから、そこにはたらいている外的要因——たとえば人為的規制、情報の偏りなど——を除去すれば本来の均衡に復する、それが市場経済のすばらしさである、といっているのである。(3)

市場の機能のこの凄さは、社会主義計画経済の崩壊によっていっそう強く証明された。社会主義計画経済は少数の官僚が、閉ざされた情報のなかで、制約された智恵や趣味をはたらかせて商品の種類や生産計画をたて、それを実行に移すのであるから、消費者が何をどのくらい欲しているか、どのようなデザインや機能の商品を欲しているかを知ろうとする発想は置き去りにされる。他方、生産に従事する労働者はただ上から命ぜられるまま、命ぜられただけの製品をつくればよいのであるから、創意工夫をはたらかせよう、技術革新を起こそうというような意欲がここに出てくる余地はない。それは社会主義の最高の理想が自由ではなく平等の実現にあることからの帰結であると考えてよいであろう。もっとも、市場経済も計画経済も需要と供給の均衡を経済のあり方とする点では共通しているといえる。一方はその目標は市場にはたらく見えざる手によって達成されるとするのに対して、他方は計画こそが市場から生ずる不均衡を回避できると考えたのである。

戦後六〇年の間、日本でも自由な競争は良いものと礼讃され、推進されてきた。競争をとおして人間の蒙は啓かれ、また自由な追いつ追われつの競争をとおして未知への挑戦と開拓は期待され、社会の活性化、文化全体の昂揚は達成される、と。ところが他方でこの活動に疑問や不安があることも事実である。私たちは二つの不安の間を揺れ動いているといってよい。一つは経済が停滞したり、後退したりすると失業の増加を招き、生活が立ち行かなくなるのではないかという不安である。失われた一〇年といわれた二十世紀最後の一〇年の間、政治に対して望むことのトップはいつも景気回復であったが、それはこの不安の現われである。経済は強くなければならない。ところがもう一方では、経済力が強いことを無条件に良いこととしていいのだろうか、という疑問がある。世界に展開されつつある現在の経済活動はほんとうにこれでよいのだろうか。景気回復、経済成長の声に踊ってはいるものの、経済のグローバル化なるものは何をめざし、どこへ行こうとしているのだろうか。もしも資本主義経済というものが拡大しつづけることによってのみ存立可能な活動だとすれば、そこには終わりがあってはならない。しかし終着点なく現在の経済活動が継続されることなどありうるのだろうか。そのとき地球自然はどうなるのだろうか。パイは大きくなっても地球は大きくならない。そうだとすれば拡大する経済と限定された地球とはどこかで折り合いをつけなければ生物が棲息する場が破壊され、元も子もなくなってしまうのではないか、これが一市民の不安である。経済が強いことは良いことだという考えを疑うことはきわめて難しいが、さりとてそれを無条件に礼讃してよいとは思えない。

4 欲望を創出しつづける競争(1)——外に向かう欲望

私は上で、経済学の教えに従って、人間の欲望に対して資源は稀少であると述べた。しかし資源の稀少性とはどういうことなのか。ほんとうにモノは稀少なのか。地球上にある資源には限りがあるかもしれないが、われわれの身辺にはモノが溢れている。デパートにもコンビニにも、不足や稀少について議論するのは見当違いではないかと思わせるだけ多種多様な商品でいっぱいである。新聞記事によればコンビニ弁当の半分は廃棄され、その総額は「ローソン」だけでも年間四〇〇億円に達するという。人々のお腹の中におさめられることなく処分される食品の処遇は廃棄であって消費ではないだろう。現代は蕩尽を奨励する時代である。食に関するこの現象は、また衣や住についても、また多くの工業製品についてもいえる。現代が大量生産、大量消費、大量廃棄、浪費の時代といわれるゆえんである。

供給者は自分たちが生産する商品は将来需要されるであろうことを期待してつくるのであろう。しかしモノが溢れ、余剰が廃棄されるということが日常化しているということは、消費は供給と相対的に独立した行為ではないのかと考えさせる。そうだとすれば消費に焦点をあて、それがどのように行われているか、過剰を吸収する役目は何がになっているのかを問題にしなければならない。その答えは欲望の刺激である。

欲望がどのようなときに生ずるかをみごとに描き出したのがジンメルである。ジンメルは欲望の発生をモノとの距離の自覚で説く。人は手に入れるのに障害があるときそれを欲するのであり、それを欲するところにそのモノの価値が出てくると彼は言う(4)。それは欲望の自律性、モノの価値の客観性の否定である。近代は、人間には自分の欲望を自律的に形成する能力があり、その能力によって自己の中にあらかじめ形成されたその欲望を、客観的価値が内在する商品との相関において、消費するかどうかを自ら決めると考えている。それは、欲望は生活し他者と交わるなかで他者との関係でそのつど創出されるという考えを否定するものである。しかしわれわれは欲望をそのようにまず自律的、理性的な仕方で形成し、その欲望とその欲望を満足させるだけの客観的価値を有する対象との出逢いを待って買うかどうかを決めているだろうか。そうではないだろう。

私はかねがね、自律的個人、理性的人格、普遍的尊厳性などを本質とする人間観や、モノそれ自体に内属する価値、規範に内在する拘束力、人間に帰属する権利などを主張する本質主義、さらにその本質を根拠にしてそこから演繹体系を導出する根拠主義をとる近代思考を批判してきた。リアルにみればそのような本質の帰属は検証される事実として存在するはずはなく、それはある状況においてあるイデオロギーを実現するためにそれに向けて人々を効果的に水路づけするために人間が案出した「人工環境」すなわち記号表現にすぎないのである、と(5)。近代を批判的にみるこの視点は伝統経済学が前提する人間観についても欲望論についても敷衍することができる。人は孤立した個人として生きているのではなく、言語や規範や文化を共通にする共同体の中に生まれ、そこでそれら伝統的価値を教えられ、学び損ないには修正が施され、概念や価値の共同主観を形成し、それを実践しつつ生を終える共同体内存在である。そこには私だけの欲望というものはない。私にとって距離のある対象は共同体の他の人にとっても距離があると感じられているのである。その距離さえ今ではメディアの操作をとおして瞬時につくり上げられる。欲望は遺伝的にプログラムされているかも知れないが、その表出の仕方は共同主観的である。

人間は生きていくうえで、ある程度の衣食住の条件を満さなければならない。それは、しかし、人間が生存するのに必要な条件整備の問題であって欲望の問題ではない。人間の要求が必要の限度にとどめられるならば資源の稀少性は特別の問題にはならない。終戦直後、絶対的欠乏から抜け出したとき、われわれは豊かになったといった。その豊かさは年を追うごとに確実なものとなった。しかしこの豊かさはこれからもずっと保たれつづけられねばならないと、当然のことのように期待しはじめた。経済は絶えず拡大していかなければならないのである。だからこそ好景気、経済成長が選挙の中心課題になるのである。必要以上のモノを欲することを欲望というならば、われわれはとっくに欲望の域に入っているのであるが、必要と欲望との間に画然とした一線が引けない以上、欲望は必要として表明されることになる。しかしその反面、この欲望と期待によってわれわれは終わりのない相対的欠乏の罠の中に巻き込まれていくのである。それはこういうことである。

あるモノを大勢が欲すれば競争が起こる。それを手にすることができた勝者はそれを手に入れることができなかった者にそれを誇示することができる。そのときその品物は単なるモノではない。その品物は社会的優越性の印となっているのである。そこではそのモノは効用や価値としてではなく、豊かさの象徴として現前しているのである。モノがこのような象徴的機能をもつためには他者のそれとの間に差異がなければならない。同じモノであっては優越性は生じない。小さい差異が距離をつくり、距離により欲望は刺激され、さらに拡張していく。消費者が上昇を夢見て、欲望のフロンティアを開拓するところに企業は利潤機会を求める。差異を求めるのに応じて企業は商品をいっそう個別化し、消費者の欲望を満たし、さらなる欲望を創出すべくフロンティアを開拓する。モノとの距離が生み出す欲望→その欲望充足がもたらす他者に対する優越性→その優越性を保持すべく差異化された新規なモノへのさらなる欲望→それを手にしたときの他者に対する優越感……の循環。消費者も企業家もこの自動運動の罠に巻き込まれてそこから抜け出すことができないのである。

この自動運動は資本主義社会に特有なものではないのであろう。おそらく生活に必要な最低限を上回るモノを持ち、それを誇示しようとしたとき以来、人間が嵌まり込んでしまった罠かもしれない。未開社会にはポトラッチという、物を破壊する行為があった。それに相当する現代の行為は大量廃棄や戦争であろうか。それらは企業や国家が優越性の欲望に応えるべく励んできた生産から生ずる過剰を処理する現代的形態であろう。ここには別の不安がある。一方で、世界の人口の三分の一を占める国々は先進国がすでに達成した消費の経済的・国家的繁栄を追いかけ、他方で、追いかけられる先進国はさらに新しい隙間に利潤の機会を見出して欲望を煽り、両者の間に追いつ追われつのシーソゲームが展開されるとして、この消費資本主義経済（あるいは浪費資本主義経済）はどこまで持ち堪えられるのか。それが続行されうるのは開拓可能な余地が地球上に残されているかぎりにおいてでしかないのではないか。しかしすでに地球自然の存立は危殆に瀕している。このさき生物は生きていけるのだろうか。一つ一つの分野でみればよいことでもそれらを総計すると大きな誤謬に陥ることがある。(6)

5 欲望を創出しつづける競争(2)――内に向かう欲望

近代人は経済活動はもとより、知識の領域であれ技術の領域であれ、フロンティアを開拓することに並々ならぬ心血を注いできた。それこそ進歩であり、進歩こそ最終ゴールであるかのように。そこにはなんのための進歩かという問いはない。地球上に開拓すべきフロンティアが残されていないのに、なおもフロンティア精神の拡張をはかるとき、その鉾先は人間内部に及び、過剰とも思える身体への介入を開始し、そこに利潤機会を見出そうとする。

医学は早くから人体への侵襲を開始している。病気を取り除くこと、痛みを和らげることなど。それは病気や怪我を健康な状態に戻す、治療としての身体への介入である。しかし二十世紀後半から現在に至る医学や生命技術の急激な発達は、もはや治療の域を越えていると思われる仕方で身体への介入を開始した。すなわち、健康で正常な身体の状態や機能をさらに高めるという仕方での介入である。この積極的介入行為をどう考えるかがいわゆるエンハンスメントすなわち増進的介入の倫理問題である。

エンハンスメントは、現在、身体と精神の双方に及んでいる。生殖に関しては五〇年以上前に行われた非配偶者間人工受精を皮切りに、試験官ベビー、出生前診断、代理母、そしていまや技術的に可能となったクローン人間製造の可否が議論されるに至っている。遺伝子治療、夢の万能細胞の利用は、さしあたりは重篤な疾患の治療目的に使用され、その範囲であれば、医療保険制度の破綻、貧富の格差、国家財政の負担などの問題があるにしても、人々はこの技術の導入を許すであろう。しかし、ゲノム解読、ゲノム技術の力は、遺伝子治療と遺伝子改良との間に明確な線引きができないところから、不老不死を、また天才児を実現する欲望をも刺激する。技術的に可能ならば改良された遺伝子をもち、増強された能力をもつ子ども、いわゆるデザイナーチャイルドを、文字通り「作る」ことは人間のみの為しうることであり、そこにこそ人間の尊厳性がある、という理由づけが立派に成り立つのである。どんな場合であれ、遺伝子工学は両親のゲノムになかった何かを子どものゲノムに加えるのであるから、それは遺伝子改良になる。これは間違いなく優生学である。この優生学の背後には国家事業ともいえるバイオ産業のうまみがある。(7)

身体を人間の力で制御することを可能にする前提には「自己所有」の観念がある。自己所有は自分の身体は自分のものであるということを自明のこととして、自分の外に在る所有物を自由に使用、収益、処分しうるのと同じように、自分の所有物である身体にもその権利を行使してそれを改良し、自分に対しては人生をより快適にし、他者に対してはその価値を誇示して競い合うことを可能にする。

今日、人間のサイボーグ化が真剣に議論されている。サイボーグとは人間とは異種の生物と人間との、また機械と人間との混成物＝ハイブリッドである。人間のサイボーグ化も、たとえば欠損した四肢の補充、知覚の正常化などの治療として行われるのであれば是認されるかもしれない。しかしここにも滑り坂がある。サイボーグ化が進行し、脳が機械に合わせて進化していくとすれば、サイボーグ化した者どうしが相互にその能力を競い合うことになり、サイボーグ化以前のナチュラルな人間は単なる生物、能力の低い生きものとして蔑まれる事態を起こしかねない。(8)

エンハンスメントは身体のみならず人間精神を薬物によって幸せにするところにまで及んでいる。初期には軽度の鬱状態の改善のために用いられたプロザックが、ほとんど副作用なく人間の精神状態を高揚させることが明らかになった。不安を解消し、傷つきやすさを緩和し、明るく自信に満ちた行動を可能にし、人間関係を改善する。この目的のためにプロザックを中心とする向精神薬を使用する者がアメリカでは五〇〇〇万人、欧米で二〇〇〇万人に及ぶという報告がある。いまではもっと多くの人がこの種の薬の恩恵にあずかっていることは間違いない。非能率な心理療法に取って代わるこの即効薬を用いる自己改造は当然大きな論議を巻き起こした。それは自律的自己の薬物による喪失ではないか、と。しかし、遺伝子改良やサイバネティックス的エンハンスメントにより自らの身体を自由に形成する力こそ神が人間に与えたギフトだとする考えと整合的に、人間の叡知によって発明された向精神薬を用いて競争社会のもたらす強度の精神的ストレスを克服し、効率性の要求に応え、自己実現をはかるところに他の生物にはみられない人間の尊厳性がある、と推進者のフロンティア精神はいうのである。(9)

人体改造と向精神を意図する優生学は、かつては国家の強制によって実行された。それは悪評高く、強い警戒の目に曝された。それがいまでは人間の自由、自由意志によって、また権利としてなされるのである。近代において、人間解放のイデオロギーとして強い力を発揮してきた自由や自由意志という人間本質は、人間の身体を対象化し、自我はそれをモノとして所有し、かつ人間の外に在る物をいじくるようにそれを自在に改造するという人間のモノ化を可能にし、しかもその所業に人間の尊厳性をみるという、人間尊厳性概念をアクロバット的に機能させるところまできているのである。

6 「人工環境」を変える

人間は個人として自立し、その個人は理性、尊厳性、自由、人権など、人間だけに内属する性質と能力を生れながらにして具有する存在である、というのが近代の個人主義の基調である。この哲学に支えられて近代国家は経済的豊かさや、生命・身体・精神の改良をより早く、より高く達成する欲望を膨らませ、かつ実現してきた。それは一方からみれば「もっともっと病」に取り憑かれた危なっかしい行為としか見えないが、他面からすれば、ある時代を大きくリードした啓蒙的近代精神を伸長し、展開したまでのことであり、それに異を唱えるのは愚かしいこととなる。実際、建国の当初からフロンティア精神に導かれ、新天地を求めて勝者となり、敗者は新しいフロンティアを求めて転進し、自由に生きることを最高の善として先頭を切って走るアメリカにとって、欲望を抑制し、自由を疑うことは倫理的悪なのであろう。みんながそう考えているのではないだろうが、基本的にはそうだといえる。京都議定書からの早々の離脱、核拡散禁止条約や化学兵器禁止条約への不参加、カジノ資本主義など、身勝手としか思えない決定と行動も彼らにとってはフロンティア精神、自由主義、個人主義という「人工環境」の具体的表現なのであろう。(10)

しかしこの先に何があるのだろう。日本をも含む先進国の後を追って、世界の三分の一の人口を占めるアジアの国々が、ロシアが、続いてアフリカもまた豊かさをもとめて同じような経済活動をするとき、開放系の思想に耐えるだけの力が閉鎖系の地球にあるのだろうか。身体・精神に対するエンハンスメント的介入や、セクスチュアリティーやジェンダーの概念を無効化してしまうクローン人間やサイボーグ技術によるキメラの作出によって能力を高め不老不死を実現して、それで人間は何をしようというのか。またいったいどこへ行こうとしているのか。一つの専門に限ってみれば良いことでも、それをより広いコンテキストの中に入れてみると、その良さが疑わしくなる、ということはよくある。原子力研究は科学者の知的好奇心を満足させ、科学の水準を高めた。しかしそれは大きな破壊をもたらした。今後もその可能性は消えていない。また原子力発電によりふんだんにエネルギーを消費し豊かさを享受できても、いまだに放射性物質の処理方法がわかっていない。臓器移植、再生医療、ハイブリッド人間、幸福薬へと続く生命領域の科学と技術の進歩は目前にいる困難を抱えた人々には福音であろう。しかしいったん生命とは何か、人の同一性とは何か、生きるとはどういうことか、というコンテキストのなかで考えると、その答えは揺れてくる。

生きるということは、ある存在がそれ以外のすべてを他者として相互に直接間接の関係をもち、そうすることによって自己をも他者をも日常的に変身させ、新規なものを創出していく動的プロセスである。ここで他者とは同種同類の生きものだけではなく、森羅万象すべてに及ぶと考えなければならない。生命発祥から現在に至るそのプロセスにおいて自然の中で生物は多様化し、そのことが[2]で述べたように相互の補完関係をつくり出し生物の存続を可能にしてきたと考えられる。生きものは単独では生きられないのである。もちろん、生きて子孫を残すプロセスはきれい事だけで運ばない。生きものは他の生きものをむさぼり喰うことによってしか生きられない宿命を負っているからである。それは衝突、摩擦、ときには死闘を繰り返して実現される。しかし人間以外の生物は、搾取されても長期的に見れば自分の側に利があることを、また譲歩しながらもそれが双利に繋がることを知り、その場に応じて巧みに競争と協調、駆け引きと譲り合いを行っているのである。彼らのその行動のなかに生物学者はゲームの理論を読み込みさえする。(11)

では人間の競争・共生関係はどうなっているか。人間もまた単独では生きられない。人間は弱い生きものである。他の動物のように速く走ることもできないし、空を飛ぶこともできない。牙もない。それらの能力を補うために原始の時代から人間は智恵をはたらかせて道具をつくり、それを自分の一部として鳥を撃ち、木の実をとり、住処を造るなどして過酷な自然界を生き延びてきた。それは大自然に対する人間の加工であり、干渉であり、闘争である。その行為が人間の側からの一方的搾取ではなく、自然や他者と折り合う範囲内にとどめられた間は双利をもたらし、共生はうまく進行した。しかしあるときからその関係に変化が生じた。それは人間の智恵をもってすれば人間は単独で自然界を超出できるという思い上がりをもったときである。地球という自然のシステムから脱出するということは自らの生存の場所を失うことであるにもかかわらず、人間はそのことを忘れて、自分たちだけで一本立ちできると錯覚してしまった。そして人間の大きな脳はそれに見合う近代主義という「人工環境」をつくり出し、そこから派生するイデオロギーをもとに政治・経済・文化の諸活動を開始した。

人間の生き方における競争・共生とそれ以外の生物のそれとの間の相違は、一口で言えば、他の生物は競争と共生とが共進する生き方をうまく実現しているのに対して、人間の欲望はゴールのない進歩主義に絡めとられて競争と共生を分離するところへ行ってしまった、ということである。生物は自分たちが生きるために相手を根絶してしまうというゼロサムゲームをやらない。このタイプの競争が自滅への道をたどることを、本能で、あるいは学習をとおして知ってきたようだ。人間は研究と学習によって本能を壊し、飽くなき欲望を刺激し、競争に駆りたて、生物存続の基盤である自然と地球の存続を危うくしてしまった。ここに至って慌てて「自然との共生」を言い立てるとしても、「自然との共生」ということ自体、矛盾した表現であると知らなければならない。「自然との共生」は人間が自然界と別のところに在るときに有効な表現である。人間は最初から自然の中に在り、他の生物と共にそこに住まわせてもらっていると知るとき、この表現をとることは見当違いであるとわかるであろう。

「寛容」ということがいわれる。それは一神教のもとでもっとも先鋭なかたちで議論された。衝突や摩擦、死闘さえ繰り返したあとたどり着く生物共生は生物の寛容の産物であろうか。そうではないであろう。寛容はある権威的、正統的、普遍的絶対の観念を前提するところではたらく概念である。それは往々にして上位者からの「恕し」を内含する。生きものの生き方に絶対はない。上下もない。彼らは進歩だとか、自己実現など単一の目標に向かって生きているのでもない。彼らはただ懸命に生きているだけである。そのとき、他者を殺傷したり、排斥したりするのではなく、異なるものを異なるものと認め、彼らとの間で対話し、競争と互譲、打算と互酬のゲーム理論の実践を繰り返しながら交わるほうが、結局のところ、生きて、新しいことができ、子孫を残すのに好都合なのである。われわれが自然との共生、異なる文化をもつ人々との共生、男女の共生などを論ずるときこのことを銘記し、異なるものどうしの間に補完関係を成り立たせることが何か新しいものを創出し、次世代との共生の実現を可能にするのだと知るべきであろう。このことは、しばしば誤解に立って非難されるところであるが、生物学の研究成果をそのまま社会の説明仮説として、あるいは人間倫理の手本として援用しようということではない。それが生物の生き方の基本だといいたいのである。

もっともたいせつなことは長期的視野をもってプレーすることである。プレーは繰り返し行われるという前提をもって行われなければならない。長期的視野をもたないゲームでは強引や裏切りが勝利をもたらすであろうが、それは同時に勝者の自滅、死に簡単につながる。そこでは競争はあっても共生は実現されない。競争をとおしての共生のプレーの相互交渉には、技巧や計算だけではなくプレヤー持ち前の感情を中心とする器量が大きくはたらく。それは心の問題として別に論じなければならない重要な課題である。

自然の中に住まわせてもらうためには人間は一日も早く競争と共生を再び結合させる「人工環境」を、文系理系といういわれのない区別を排して総力をあげて探求し、それを言語その他の記号で表出し、実行に移さなければならない。それが二十一世紀早々に取り組むべき、われわれに課せられた任務である。近代主義の「人工環境」に取って代わるそれのめざす方向は明確である。一言で表わせば地球自然の存続である。そこをきちんと押さえて、科学、思想、政治、経済を構築し直すことである。それは絡まった糸をほぐす作業にも似て簡単なことではないが、より困難なことは、欲望の増大と浪費経済の快楽を長期にわたって享受した近代人が、必ずや欲望の抑制、生活水準のひき下げ、景気の沈滞、豊かさの中身の変更を迫るであろう新しい「人工環境」をどこまで受け入れ、どこまでそれに耐えることができるかである。

注

(1)インターフェイスとしての環境論については坂本百大の論文集『生命倫理の現代的転回――バイオエシックス資料』(非売)のなかの「環境記号論、そのポストモダン」にくわしい。
(2)石川統『共生と進化――生態学的進化論』培風館、一九八八年。松田裕之『「共生」とは何か』現代書館、一九九八年。
(3)中谷巌『痛快!経済学』集英社、一九九九年。
(4)G・ジンメル(元浜清海他訳)『貨幣の哲学(分析論)』白水社、一九八一年。菅野仁『ジンメル・つながりの哲学』NHKブックス、二〇〇三年。
(5)佐藤節子『権利義務・法の拘束力』成文堂、一九九七年。同「小林直樹著『法の人間学的考察』の紹介と批判」『青山法学論集』四六巻四号、二〇〇五年。
(6)N・クセノス(北村和夫・北村三子訳)『稀少性と欲望の近代』新曜社、一九九五年。佐伯啓思『「欲望」と資本主義』講談社新書、二〇〇四年。松原隆一郎『消費資本主義のゆくえ』ちくま新書、二〇〇〇年。
(7)虫明茂「エンハンスメントの倫理問題」『生命倫理』一五巻一号、二〇〇五年。ローリー・B・アンドルーズ(望月弘子訳)『ヒト・クローン無法地帯』紀伊国屋書店、二〇〇〇年。フランシス・フクヤマ(鈴木淑美訳)『人間の終わり』ダイヤモンド社、二〇〇二年。ビル・マッキベン(山下篤子訳)『人間の終焉』河出書房新社、二〇〇五年。
(8)高橋透「人間を再デザインする――サイボーグとキマイラとして生きること」仲正昌樹編『共同体と正義』御茶の水書房、二〇〇四年。
(9)P・クレイマー(堀たほ子訳)『驚異の脳内薬品――鬱に勝つ超特効薬』同朋社、一九九七年。島薗進「増進的介入と生命の価値――気分操作を例として」『生命倫理』一五巻一号、二〇〇五年。
(10)大井玄「環境問題と倫理意識」『生命倫理』一五巻一号、二〇〇五年。
(11)松田裕之、前掲書六章。

第11章　情報学と人間——高度情報化社会と人間存在

尾関周二

はじめに

当初は必ずしもコンピュータと関連づけられなかった「情報化社会」や「情報化」という言葉も、今日では「コンピュータ化」ということと重ね合わせることなしにはもはや語りえないものとなった。その出現以来、急速にその威力を増大させてきたコンピュータは、通信技術との多様な結合・発展によって人間生活のさまざまな領域・局面へ浸透し、われわれの仕事や生活のあり方を大きく変容させてきた。今日の「インターネット」や「バーチャル・リアリティ」に象徴される情報化の段階は、その特徴が、産業・労働、科学・技術・研究といった分野へのいっそうの浸透にとどまらず、教育・遊び・交流・福祉を含めた生活世界全般が電子メディアによって広く深く浸透されつつあり、その結果、知識・コミュニケーション・人間関係・精神・身体等々の大きな変容が起こりつつあるといわれることにあろう。ここから人間存在そのものがあらためて深く問われてきている。したがって、この小論では、現代におけるこういった「高度情報化社会」とかかわる人間存在への問いかけ、特にそれを近代的主体との関係を念頭において考えてみたいと思う。そのことは、私なりに考える人間存在の三側面——すなわち意識的存在、社会的存在、自然的存在——の変容にかかわって論ずることになろう。

ところでまた、われわれが忘れてはならないのは、人間存在を問いかける現代の視点は非常に多面的であるということである。地球環境破壊や核兵器が人類の生存そのものを危うくしているとともにまた、今世紀の度重なる世界大戦、冷戦後も続く民族の大量虐殺をともなう局地戦争、理想を掲げた既存「社会主義」の崩壊あるいはまた、生命操作の問題などが、人間存在の問題性を深く問いかけている。

いったい人間とは何者か、以前にもまして今日人間存在が鋭く問われていると思われる。情報化の視点からの問いかけもこういった現代社会の問題群との密接な連関にあるのを念頭においておくことは必要であろう。とりわけ、もう一つの大きな現代の基本視点である地球生態系破壊にまで深刻化した環境・エコロジー問題の視点に関しては、本論のテーマを考えるうえで一面的な人間理解に陥らないために不可欠であると思う。とりわけどういう人間像をわれわれが思い描くかは、「情報化社会」の今後にも大きな影響を与えていくと思われるからである。

1 情報処理体としての人間

情報化やコンピュータとのかかわりで、人間存在への問いといえば、まず思い起こされるのは、「人工知能」研究との関係で行われた論争、人間の思考をコンピュータと同じものととらえてよいかという議論である。人工知能研究の主流的見解を代表するハーバート・サイモンやマーヴィン・ミンスキーなどが、人間の知性とコンピュータの知とを同じもの、あるいは人間を越えると主張したが、これらは、コンピュータと人間の思考は「情報処理」、「記号操作」という点で同じだと考えたからである。これに対しては、ドレイファスのような現象学的な哲学の立場からの批判や、言語哲学者ジョン・サールなどの批判がよく知られている(1)。

ところで、その際、ギリシャ・ローマ古典学者のジェイ・デイヴィッド・ボルターは、古典学者の通常の人間観と違って『チューリング・マン』（一九八四年）という本で、人間を「情報処理体」としてとらえることに関して、その是非は別として、それは西洋近代の人間像を越える現代という時代を特徴づける適切な人間像であると主張した。そして、アラン・チューリングが一九五〇年に発表した論文で、コンピュータは人間の知能を完全に模倣することが可能であろうと予言したことに因んで、現代という時代における人間像を象徴するものとしてそれを「チューリング型人間」と呼ぶのである。ボルターによれば、それぞれの時代を規定する技術は、自然に対する人間の役割を規定するものであるが、現代にとってコンピュータ技術がもつ意味は、人間を「情報処理体」として、また自然を「処理されるべき情報」として再規定するものととらえられるからである。(2) そして、この現代の人間像がコンピュータ技術を背景にしているように、古代ギリシャ文化における陶芸技術と「プラトン型人間」、西洋近代文化における時計仕掛けと「デカルト型人間」とが対応しているとする。現代の「チューリング型人間」について、興味深い考察も行われているが、実際には今日、急速にその数を増大させつつあるプログラマーに体現された人間像の特徴を明らかにしているようにも読めるもので、時代の人間像と呼ぶにはあまりに大げさなように思われる。しかし、通常古典学者の人間観として思われるのと逆のこのような見解は、現代の拡大しつつある一つの傾向を鋭く反映しているとはいえよう。

ところで、ボルターはその後、『ライティング・スペース』（一九九〇年）という本を著したが、この本では、ライティングの歴史を背景に、電子エクリチュールがもたらす、従来の印刷書籍とは大きく異なったテキストの可能性を詳細に検討するなかで、主に思考や精神、また社会や文化の方向を浮かび上がらせようとしている。先の『チューリング・マン』がいささか単純な議論であったが、それに比べると、ここでは、人工知能をも電子ライティングの一種とする視点や、印刷書籍を越える議論を印刷書籍によって行うという二重性格などもあって、微妙なニュアンスに富む内容になっている。彼はこの本で、電子メディアは古代のパピルス・ロール、中世の手写本、近代の印刷に並ぶ「第四の偉大なライティング・テクノロジー」として新たな「ライティング・スペース」をわれわれにもたらす画期的なものと主張するのである。(3)

彼は、印刷テキストと比較して電子テキストの特徴をもっともよく表わすのは、「ハイパーテキスト」という性格であると考える。「ハイパーテキスト」という言葉は、テッド・ネルソンによって普遍的な電子的ライブラリーをめざす「ザナドゥ・プロジェクト」にかかわって創り出されたものであるが、ボルターは、このハイパーテキストの発展を視野において、印刷書籍に取って代わる電子的なライティング・スペースとその影響を詳細に明らかにしようとする。印刷テキストのページは、直線的で、静的なイメージであるが、電子テキストでは、流動的なネットワークのイメージが支配的となる。また、前者では、文章は安定・固定しており、著者だけがそれをコントロールしているが、後者では、文章は流動的で、書き手と読み手の間の双方向的な関係を特徴とするのである。また、読者がテキストそのものの改変に参加できることによって、印刷テキストのような著者と読者のリジッドな区別や著者の特権性がなくなると考える。さらに印刷書籍は一冊一冊が独立した閉じたものであるが、電子書籍は、他のさまざまな書籍に結びつき、「書物」と「百科全書」と「ライブラリー」の間の区別がなくなると考えるのである。(4)そして、世界中のライティングのネットワークが完成するならば、あたかもライティングの全世界が一冊の書物のようになることを示唆する。

こういった電子ライティングのハイパーテキストの特徴は、ボルターによれば、電子ライティングがライティングの歴史においてもつ、次のようなユニークな点に基づいているのである。それは、電子ライティングのテキストは常に他の記号を指示する記号から織り成されており、コンピュータの中では、指示によって一つの記号から別の記号へ移動することが具現化されているということである。手書きや印刷では、人間の精神だけが記号を活性化するものであるが、コンピュータではテキスト自体が記号を活性化するとされるのである。(5)

ところで、彼によれば、ライティングは「思考が物質化するための主たる媒介」(6)であるから、思考は当然上述したような電子ライティングの性格によって規定されることになるという。むしろ、精神がライティングを生み出すというより、ライティングが精神を生み出すのだともいわれる。したがって、コンピュータが記号操作、記号体系である以上、精神もそれに基づいて定義され、記号操作、記号体系と考えられるのは当然だという。そして、この点でボルターは、思考を記号操作として定義したパースは先駆的であったとしながら、精神を記号体系としてとらえる見解はまた、ソシュール、エーコなどの記号論者の主張してきたことであり、「これは精神のメタファーとしてわれわれの時代にふさわしい」(7)というのである。

ところで、コンピュータの記号体系は、周知のように、形式的で内容をもたないものであるが、ボルターもまたその記号体系とは、要素どうしを関係づけるための規則の集合であり、表象される世界に到達しようとしても体系の「外」に出ることはできない自己自足的な世界としている。(8)そうすると、コンピュータに類比された精神や思考もまた外部（他のもの）への「志向性」をもたないものとされることが予想されるが、ボルターはやはり、微妙な言い回しを重ねながらも、これに肯定的であるように思われる。さらに、彼によれば、デリダらのポストモダンの議論は現代という「印刷時代末期」という過渡期において電子ライティングの精神を予期するものととらえられているが、周知のように、デリダの見解独自性が、言語や文学は、それ自身の外部にある何かを表象したり、指示したりするものでないというものであったことを思い起こすと納得がいくのである。つまり、一方で、それは外的事物を指示したり表象したりしないし、他方また人間の内的な意図や考えを表現するものでもないのである。記号体系やテキストがそれ自身自立化させられるのである。ボルターは、結局は「人間には特別な志向性があると信じる陣営は、印刷に基づくメタファーに賭け金を積んでいるように思われるのだ」(9)という言葉によって志向性学説に批判的であることを表明する。そしてこの言明に続いてさらにデカルトにふれ、「おそらくはデカルト的なコギトの概念でさえも、著者とテキストというメタファーに依拠しているだろう」[10]と言う。先の『チューリング・マン』において、デカルトの見解が近代の時計仕掛けと関係させられたように、ここでは印刷テキストと関係づけられその時代的限界が語られるのであるが、後述するようにこれは興味深いが、いささか安易な関係づけのように思われる。

ボルターによるコンピュータと関係させた人間や精神の理解は、実際にデカルト的な西洋近代の地平を本質的に越えるものであろうか。私見によれば、彼の言う「チューリング型人間」にしろ、「記号体系としての精神」にせよ、いずれもデカルト的な思想圏の大枠に収まるものではないかと思われる。たしかに「記号体系としての精神」は狭義のデカルト的精神ではない。しかし、この精神観をもたらすコンピュータは、ボルターも認めているように、記号論理学を経て今日のコンピュータ言語に至る普遍言語、普遍記号学の理念に立脚するものであるが、その最初の発想者はデカルトであることを想起すると、この精神観は結局デカルト的精神に由来するものではなかろうか。類似した変種はすでにラ・メトリの人間機械論にみることができるように思われる。

私には、ボルターによる「記号体系としての精神」という精神観は、われわれが現代の情報化・コンピュータ化に無批判的に対応しているときに、自然発生的にわれわれの精神が向かう変容の方向を示しているように思われる。多くのエコロジストが言うように[11]、近代以降のわれわれの社会のありようは、自然と同様に機械論的性格を帯びているからである。そして、興味深いことにボルターもまたこのように事態を直観しているようである。精神が記号のネットワークとしてとらえられるならば、それはマシーンの中の記号のネットワークへと易々と連結され、精神とマシーンの一体化が生じてくるからである。

「われわれの手元に残るのは精神に接近したマシーン（人間のように動作するコンピュータ）であろうか、それともマシーン化した精神（精神がコンピュータになった人間）であろうか?　二つの可能性があるが、われわれはもはや両者の間に区別がつけられないところまで、両者の間で動揺している。(12)」

私はこういった精神観からは、この「動揺」は不可避的であると思われるが、われわれにとってはこの選択肢そのものが乗り越えられねばならないものと思われるのである。コンピュータの主体化と人間の主体性の希薄化は、同じコインの裏表だからである。結局、他の外的なものへの志向性を捨象して、もっぱら記号から記号へと内的に運動する自立化した記号体系を精神としてみることは、精神の「物象化」を招くものではないだろうか。つまり、記号体系とは、たしかに内面的なものであるが、内面的な外面性であり、内面の中の物象といえるものだからである。

以上みてきたように、ボルターが、今日の電子メディアによって、テキストやリテラシーそのものがなくなるのでなく、ハイパーテキストを中心に新たな形態を得るとして、書くことと読解における新たな可能性を説得的に明らかにしようとしている点は共感するものである。しかし、彼は、われわれの精神に対するライティングの影響を強調するあまり、人間精神を「記号体系」とするような矮小化に至っているように思われる。(13)

さて、先にみた電子ライティングのハイパーテキストとしての特徴は、ボルターによれば、印刷時代末期の現代の社会や文化のありようにすでに反映されつつあり、逆にまたそれを反映していると考える。「われわれの社会全体がハイパーテキストがもつ暫定性という性格をまとい始めている(14)」のである。つまり、階層的な社会的秩序からネットワーク化へ動きつつあり、個人は自由に職業や近所づきあい、クラブ、政党、宗教団体に一生の間に何度か自発的に加わってはやめていく。また印刷メディアは近代国民国家を支えた文化的統一を創り出すのに寄与したが、電子メディアは逆の動きを創り出しているのである。そして、このような多様な価値観と個人の自由のいっそうの増大をもたらす「ネットワーク文化」を推進する点で、電子メディアを高く評価しているのであるが、この点についてはまた後にふれよう。

ところで、ボルターのこの本に大きな影響を与えたと思われる『声の文化と文字の文化』（一九八二年）を著したJ・W・オングは、ボルターとは違って電子メディアは「文字の文化」の深化のみならず、「二次的な声の文化（secondary orality）」という新しい時代の文化を出現させる点に新たな特徴をみていたのである。オングは「文字の文化（Literacy）」の精神とは異なる「声の文化（Orality）」の精神を高く評価しているのであるが、それはボルターにはみられないスタンスで、その点を次にみてみよう。

2 メディアの歴史と共同性

オングは、文字をいまだもたない「声の文化」（「一次的な声の文化（primary orality）」と呼ばれる）に基づく思考・精神や表現には、「文字の文化」に劣らぬ独自の特徴があることを明らかにしようとする。彼によれば、「文字の文化」以前の「声の文化」においては、ことばはまず第一に、声であり、出来事であり、生体の内部から力動的に発せられる力である。つまり、言語とは、ここでは、行動の様式であり、単に思考を表現する記号ではないのである。音声としてのことばは絶えず消え去っていくものであり、書くことがなければ、ことばが指し示す対象は目に見えても、ことばは見えないということである。ことばが記号体系、さらにモノのようにとらえられるようになるのは、「文字の文化」以降、とくに活版印刷の影響が大きいのである。また、声の文化においてことばと思考は、本質的に、つねに現実の人間どうしのやりとりのコンテクストのなかに存在するが、書くことによって現実のコンテクストから独立した言説と思考が可能になるのであり、このことは人間の人格に大きく影響すると考える。

「一次的な声の文化がはぐくむ人格的構造は、文字に慣れた人びとのあいだでふつうに見られる人格的構造と比べると、ある意味でいっそう共同的（communal）であり、外面的であって、内省的な面が少ない。

口頭でのコミュニケーションは、人びとを結びつけて集団にする。（それに対し）読み書きするということは、こころをそれ自身に投げかえす孤独な営みである。[15]」

興味深いのは、オングが、教育社会学者のバジル・バーンスタインによって提起された、労働者階級と中産階級の言語の違いと関係させて共同志向の「制限コード」と個性志向の「精密コード」を区別した有名な理論[16]に対応させ、制限コードは、その起源においても、用法においても、明らかに声としてのことばに強くかかわるものとしていることである。[17]「声の文化」は、今日もなお民衆文化、底辺・周辺の文化、対抗文化に根強く息づいていると考えているように思われる。

オングが電子メディアに期待するのは、人類史において文字の獲得によって、そしてさらに近代の印刷技術によってもたらされた内面へ向かう傾向が、その内面性を踏まえたうえで、反転して外に向かって開かれていく、つまり、新たな共同性や連帯の手段となることであるように思われる。オングは、エレクトロニクスに、「文字の文化」が支配的になるにつれ、失われた「動きにみちていて、あたたかな、人間どうしのやりとりがある、そうした声の文化の生活世界[18]」の新たな再建を期待しているのである。つまり、「文字の文化」の内面性の成果を踏まえたうえでの新たな「声の文化（oral culture）」による共同体の再興を期待しているように読めるのである。

このようにオングは、メディアの文化的視点から近代における個人の内面化、孤立化の問題を考え脱近代を展望しているが、この点に関して主に社会経済の視点から迫ってほぼ対応するような見取り図を描いた箇所としてマルクスの『経済学批判要綱』の有名な箇所を読むことができ、この両者を相互に補完させて考えることが興味深いと思われる。[19] つまり、近代における精神の内面化や孤立化は、オングが言うような「文字の文化」、とくに印刷文化のもつ影響が大きいにせよ、それにのみかかわらせられるものではない。「声の文化」に象徴されるような共同的な人間関係が電子メディアによって自ずと実現されるとするのは、「地球村」を提唱したマクルーハン同様、あまりに安易であろう（オングはマクルーハンの学生であったことを思い起こす）。

さて、マルクスは『経済学批判要綱』の当該箇所で次のように語っている。

「人格的依存関係（最初はまったく自然発生的）は最初の社会形態であり、そこでは人間の生産性はごく小範囲でまた孤立した地点でだけ発展する、物象的依存性にもとづく人格的独立性は第二の大きな形態であり、そこで一般的な社会的物質代謝、普遍的な対外諸関係、全面的な欲望、そして普遍的な力能といったシステムがはじめて形成される。諸個人の普遍的な発展のうえに、また諸個人の社会的力能としての彼らの共同体的・社会的な生産性を従属させることのうえにきずかれた自由な個性は第三の段階である。[20]」

ここで、マルクスによって「物象的依存性にもとづく人格的独立性」と呼ばれた、社会経済システムに由来する近代社会に固有な人間関係の基本傾向を思い起こしておく必要があろう。この社会においては、労働の分業の拡大と商品交換の全面化で、物象（モノ）を媒介にした人間の相互依存は著しく拡大・強化されると同時に、反面では欲求充足をめぐる利己的、競争的あり方のゆえに、共同性は失われ、排他的関係も鋭く強化され、「万人の万人にたいする個人的利害の闘争場」（ヘーゲル）ともなる。だから、近代以降、労働力再生産とかかわる学校制度の「文字の文化」によって高められた言語能力は、お互いの心をよりよく開くためよりも、巧みに閉ざし、自己利益を貫く手段となるのである。近代の個人の内面化、孤立化の傾向にはこういった資本主義的な社会経済システムに由来する面もあることは見落としてはならない。さらに、こういった物象的依存性のもとに、人間関係をとりもつ言語的コミュニケーションは、たえず虚偽性の性格を構造的な仕方で帯びざるをえないであろう。[21] たとえば、若きマルクスは、すでにこういったコミュニケーション疎外、言語疎外ともいうべき事態にかかわって次のように語っていた。

「われわれがたがいに語って通じ合う唯一の言葉は、相互関係におかれたわれわれの対象物である。人間の言葉はわれわれには通用せず、何の役にも立たないであろう。」「われわれはたがいにすっかり人間的本質から疎外されているために、人間的本質の直接の言葉はわれわれには、人間の尊厳を傷つけるものに思われ、反対に、事物の価値という疎外された言葉が、公認された、自信にみちた、自己自身を承認する人間の尊厳のように見えるのである。[22]」

マルクスのいささかオーバーにも見えるこういった言明と関係して、若きマルクスが『経済学・哲学手稿』において、当時の亡命先のフランスにおいて組合や結社に集まった労働者たちの語らいをみて、それが労働運動の必要・手段としてだけでなく、まさにそれ自身人間的な交わりとして自己目的的でもあることを感激的に語っていたことを思い起こすことができる。[23] 十九世紀半ばの当時においてはヨーロッパでもまだ、先のバーンスタインの観察・調査の時点とは比較にならないほど、人間味溢れる共同の関係を背景とする「声の文化」が広範に残っており、中産階級出身のマルクスがそれにふれて深く感動したように思われるのである。その意味では、マルクスとオングは思想の基層においては意外と重なりあうようにも思われる。しかし、もちろん、マルクスにとっては、脱近代の共同社会を実現するためには、「自己増殖する貨幣」としての資本の論理の克服が必要条件であるということになる。この意味では、ソ連・東欧の崩壊以降、当面の歴史的段階では、資本主義的市場経済の克服でなくその民主的統制が課題である以上、マルクス的な視点で新たな共同体を展望するのは歴史的に相当長期の視点に立つ必要があるように見えよう。それに比べ、電子メディアによる共同体を展望したオングの視点は、昨今のコンピュータ・コミュニケーションの急激な発展によってにわかに現実味を帯びてきたかのようにもみえる。そして、実際今日、「電子コミュニティ」や「地図にないコミュニティ」「バーチャル・コミュニティ」「メディア・コミュニティ」などとさまざまに語られている。

社会学者の古川良治は電子コミュニティにかかわって大略次のように述べている。これまでのコミュニティは〝地域〟という概念と深い関係があったが、電子コミュニティは必ずしも地域に根ざしているとは言いがたい。しかし、〝共同性〟というコミュニティ本来の性格から考えれば、それも既存のコミュニティと同様、あるいはそれ以上にこの特性を有しているといえる。なぜなら、基本的にどこからでも自由にアクセスできるため、共同の関心ないし共同で何かをやろうとしているものどうしがコミュニテイをつくっていくということになるからである。だから、「電子コミュニティは、〝虚像〟などではなく、これまでのコミュニティと同様、あるいはそれ以上に〝実像〟をもつコミュニティであるということができよう(24)」とされる。

たしかに、たとえば、これまでよく報道されてきているように、子育ての女性や高齢者、障害者などのハンディをもった人々がインターネットを使って人間関係を新たにつくって、新たなコミュニケーション能力を発揮するようになりつつあるといった、こういった面を見るかぎり電子コミュニティが高く評価されるのは当然であろう。またたしかに、電子メディアによって自分の気が合うものが容易にコミュニケーションをとることできるようになり、これまで「居場所」や「コミュニケーション・チャンス」がなかった者どうしがある種のコミュニティをつくることが可能になったのであるが、しかし、これが共生的な開かれた共同体につながらず、異質を排除する同質的な閉じられた共同体を強化する方向にはたらき、市民的公共性を掘り崩す可能性もあるという声も聞かれる(25)。こういった事態は、電子メディアが登場し、新たなコミュニティの技術的条件が与えられたとはいえ、人間関係をめぐる、マルクスが指摘したコミュニケーション疎外の状況は商品化の進展の中で一層深刻化している以上、当然予測されることであろう。したがって、先のボルターの称揚した「ネットワーク文化」も、その開放性と閉鎖性を増幅しつつ、ある種のアノミー（無秩序）をもたらさないともかぎらないのである。しかし、もちろんまた、ある種のファンダメンタリズムに基づく安易な共同体願望で走ることは、すでに経験済みの全体主義を誘発することにもなりかねないのである。

そこで、脱近代へ向けての共同体の再建が矮小化・歪曲されたものにならないためには、近代を批判しつつその成果を生かす主体形成の視点が必要であろう。オングの場合、「文字の文化」によってもたらされた内面性の成果といわれ、またマルクスの場合も近代の成果をふまえるといい、「人格的独立性」ともいわれているが、その中身の積極面が今一つはっきりしたものでない。そこで、私はオングのオーラル・コミュニケーションの復権やマルクスのコミュニケーション疎外からの解放といった脱近代のコミュニケーション理解に、さらに付け加えたいと思うのは、近代の積極的価値を継承・発展させようとするハーバマスの議論の背景にある「コミュニケーションの進化」の見解である。[26]

3 コミュニケーション進化と近代主体

ハーバマスは、コミュニケーションの進化・発展に関して、これまでみたようなオングやボルターのようなメディア論的な視点とは違った視点からそれを主張した点できわめてユニークといえる。もともとこの視点は、ソ連型マルクス主義による経済基底還元主義の歴史理解への批判的視角からマルクスの新たな読解として構想されたものである。つまり、彼によれば、マルクスは、歴史の進歩を「一方での生産力の発展段階と、他方での社会的交通形態の成熟度によって評定した。その際、生産力の発展とは、技術的に利用可能な知識の適用に依存しているものであり、他方、社会の土台諸制度は、道徳的―実践的知識を具体化したものである。[27]」そして、ハーバマスが〝生産力〟とそれにかかわる技術的・組織的知識、他方で〝社会統合〟とそれにかかわる実践的・道徳的知識のそれぞれに、行為論的に対応するものとして、〝労働〟と〝コミュニケーション〟を考えている以上、労働のみならず、コミュニケーションの形態の発展・進化を考えることにつながっていくのである。こういった背景のもとで、彼は社会統合の発展水準の原理的段階を確定するものをコミュニケーションの次の三つの段階にみているのである。

(a) 記号に媒介された相互行為の段階
(b) 命題的に分化した談話が生じてくる段階
(c) 議論的談話の段階

さて、私は、まずこのコミュニケーションの諸段階を先のオングの議論と関係づけてみたいと思う。高度な知識人層の間でのコミュニケーションは別にして、かなりの広範な層のコミュニケーションのあり方を対象にするならば、「(A)記号に媒介された相互行為の段階」は、オングの「声の文化」に相当するといえよう。そして、「(B)命題的に分化した談話が生じてくる段階」は、発話と行為が分離するとされているが、これはまさに「文字の文化」の出現に相当する。さらに、「(C)議論的談話の段階」は、発話行為と結びついている妥当性要求が主題となってくるのであるが、これは近代の印刷書籍の普及とかかわって市民的公共性が形成されてくることと連関していると思われる。

この近代の段階において獲得された批判可能な妥当性要求を掲げるコミュニケーション主体の質は、市民的公共性の基礎としてハーバマスにとっていっそう発展させられるべき近代の「未完のプロジェクト」であった。このように、近代において可能性として生み出された了解志向的なコミュニケーション的主体は、後の『コミュニケーション的行為の理論』をも参照していうならば、同じく近代において生活世界から自立した市場経済と官僚組織といったシステム（およびそれを推進する目的合理的・戦略的主体）による「生活世界の内的植民地化」に抗して、生活世界のコミュニケーション的再生産を理性的に実現していくものである。これは間接的ながら、先のマルクスの視点につながっていくものであろう。したがって、オングとマルクスにおける近代の成果を生かす主体形成の視点は、両者をリンクするような仕方で、ハーバマスのコミュニケーション的主体というイメージでその内実を基本的に与えることができるように思われる。(28)

ここで、ハーバマスと同様にフランクフルト学派の批判理論を継承しつつ現代社会と主体の変容に対する新たな理解を提起するとして『情報様式論』(一九九〇年)を著したマーク・ポスターに少しふれておきたい。書名からもうかがえるように、マルクス主義のキーコンセプトである「生産様式」に類比させて「情報様式」という概念を新たに提起し、現代社会と歴史理解の深化をこれらの複眼的な視点からはかろうとしているので、上記のハーバマスの見解をいっそう深めるように思われるからである。ポスターによれば、「情報様式」の諸段階とそれに対応する自己・主体のあり方は次のように考えられるとする。

「最初の声の段階(oral stage)において、自己は、対面関係の全体性に埋め込まれることによって、発話地点として構成されている。二番目の印刷物の段階においては、自己は理性的/想像的自律性における中心化された行使者として構成されている。三番目の電子的段階において、自己は脱中心化され、散乱し、連続的な不確実性の中で多数化されている。(29)」

こういった第三段階における、ポスターのいう「主体の全面的な動揺」は、電子メディアによってコミュニケーションにおける時間と空間の制限が容易に超越できることによって、身体がもはや主体の位置の事実上の限界ではなくなっていることに由来すると考えられているのである。彼が、こういった事態をフーコーやリオタールなどのポスト構造主義の議論にならって、近代の「理性的で自律的な主体性」の否定を意味するものとして積極的に評価しているが、それは少し安易すぎるように思われる。批判理論を継承するというならば、当然「理性的で自律的な主体性」とハーバマスの「コミュニケーション的理性」とのかかわりについての考察があってもよさそうに思われるが、それへの言及はほとんどないのである。

私見によれば、克服さるべき〝主体〟の問題性とは、近代的主体一般の否定や希薄化でなく、自己中心的なモノローグ的主体、また孤立的な権威主義的主体から了解志向的なコミュニケーション的主体への転換であると思う。したがってまた、この視点から先のボルターの「記号体系としての精神」観を振り返ると、それは西洋近代のデカルト的主体を否定するとしながらも、結局はネットワーク文化を支える相互的な主体性そのものをも、おそらく彼の意に反して希薄化・蒸発させてしまうことになるように思われる。「記号体系としての精神」観とは、少し強い言い方になるが、マルクスのいう「物象的依存性にもとづく人格的独立性」に引っかけて言えば、それは、人格的独立性の共同的なコミュニケーション・ネットワーク化アソシエーション化をはかる方向でなく、情報化社会において、それこそ電子メディアによって増幅されたシステム化傾向のなかで人格性・主体性が消去され、物象的関係のみが残されていく傾向を反映してはいないだろうか。

4 公共圏と新たな共同体

さて、もう一度オングやマルクスとハーバマスの関係に戻ると、オングの「二次の声の文化」のイメージやマルクスのコミュニケーション疎外からの解放のイメージには、親密で具体的な共同体のメタファーはあるが、市民的公共性のイメージは少ないといえよう。(30) 逆に、ハーバマスには、市民の知的な妥当性にかかわるコミュニケーション共同体のイメージは強いが、親密圏あるいは民衆的な共同性の視点が少ないように思われるのである。したがって、今日の情報化社会を電子パノプティコンのウルトラ近代社会の方向でなく、脱近代へ向けての過渡期ととらえるならば、最近の電子コミュニティを考えるのに、公共圏とリンクした民衆的な共同体の再建というテーマにかかわって、上記三人のコミュニケーション視点を統合することは興味深いと思われたのである。ただ、私には、これら三人の視点にはエコロジー的な視点がなお不十分なように思われる。この点を最後に簡単にふれておこう。そしてこのことは、最初に少しふれたように、人間存在は次の三側面で特徴づけられると思われるが、――つまり、一つは人間は理性、思考や意識をもつ存在であること、二つは人間は社会のなかで生き、社会的・共同的存在であること、そして、三つは人間もまた動物の一種、自然的存在である、ということであるが、これまで、前二者に主にふれてきたので、第三の自然的存在に一言言及する機会にもなると思われる。

さて、先に古川が電子コミュニティの評価にかかわって、「コミュニティ」概念から〝地域〟を切り離すことを提唱していることをみた。ところで、電子コミュニティを「地図にないコミュニティ（non-place community）」と呼んだのは、メディア論者のゲーリィ・ガンパートであるが、彼は、自宅をエレクトロニクス・コミュニケーションの基地とし、それを通じて外界と接する人が増えるにつれて、外部の環境などどうでもいいという気持ちが強まるだろう、という。

「望む相手とのコミュニケーションがキーボードの指先だけで得られるときに、近所付き合いなどやむを得ない義理ではあっても望むところではあるまい。われわれは自然のままの環境をはるかに越えて広がったメディア環境を舞台にして共存しているのだ。それはまた同時に、地理的には存在しない一連のメディア・コミュニティを各自が選んで、そのなかで暮らしていることでもある。」(31)

たしかに、現在のバーチャル・リアリティ技術の発展方向を見るとき、それを利用したマルチ・メディアによるコミュニケーションによって、あたかも生身の相手が現前して語りかけるようなバーチャルな共同空間を創ることは、それほど難しくはなかろう。そしてさらに、豊かな自然環境をもその空間に創り出すことさえできるかもしれない。つまり、バーチャル・コミュニティのなかではあるが、望ましい環境のもとで身振りを交えた対話をしたり、身体的行動をともなう共同の仕事や遊びをしたりするようになることも、技術的にはおそらく可能となろう[32]。たとえば、西垣通によれば、「情報ハイウェイの特徴は、いわば仮想の〝身体〟をつくりだすところにある。東京の人間が、情報ハイウェイを通じて大阪にいる人間と共同で文書を執筆することなどは朝飯前だ。バーチャル・リアリティ技術を利用すれば、一緒にテニスの試合さえできるだろう[33]」といわれる。

これに関して、はたしてオング自身はなんというかわからないが、ある意味では「二次の声の文化」のほぼ十全な再現のように見えるかもしれない。そしてまた、コミュニケーション疎外とその背景となる社会経済システムが改変されるならば、実際グローバルな電子コミュニティにおいてハーバマスの「理想的発話状況」に近いものもまた実現されるかもしれない。しかし、電子コミュニティがこういった意味で充実され、成員の大きな関心をもつものになればなるほど、この仮想のコミュニティと実際の地域のコミュニティの落差は大きいものになろう。ここまでくると、メディアによる「身体の変容」を語るようなレベル以上に、エコロジー問題につながる次のような重大な問題が現れてこよう。つまり先の場合、個人が身体の再生産ために定位する地域コミュニティと、自己確証を求め創造性を発揮しようとする電子コミュニティとの分裂が生じてこよう。もとより地域コミュニティは生態系の循環のなかにおかれているが、電子コミュニティはそれとは無関係だからである。したがって、電子コミュニティに人間的関心を注ぎ込む方向で電子メディアの発展がはかられることは深刻な問題を引き起こしてくるであろう。

コミュニティの〝地域性〟を重視することは、コミュニティが位置づく地域の生態系に、さらには人間もその一部である自然の本源性につらなる視点であり、また内なる自然性を自覚し、〝自然へのコミュニケーション的態度〟を回復する視点でもある。エコロジーの運動にも周知のような種々の流れがあるが、そのほとんどが、コミュニティを地域生態系との本質的なかかわりでとらえることを不可欠と考えている。それはまた、工業化された農業でなく、広い意味での本来の農的労働（農業のみならず、林業、牧畜、漁業などを含む）をコミュニティの基盤として重視することでもある。しかし、これを重視することは、前近代の農業社会に戻ることを意味しない。この点で電子メディアの活用が重要なのである。

また、地域生態系に根ざしたエコ・コミュニティの地域相互の、またグローバルなアソシエーションが構想されねばならない。そして、これらのコミュニティのネットワーク化のためにも、またさきにふれた公共圏とリンクした民衆的な共同体の再建というテーマの有力な事例としてそれぞれのレベルで公共圏とリンクしていくためにも、電子メディアの技術は活用されねばならないのである。

このためにはまた、より根底的には、労働の形態や産業社会のあり方が転換され、生産と消費の分離や都市と農村の分離の止揚に向かって方向づけられねばならないように思われるが、その際の条件づくりに、電子メディアは不可欠の役割を果たすのである。したがって、私としては、先にみた了解志向的なコミュニケーション的主体に〝自然へのコミュニケーション的態度〟も包括するような意味も含めた人間像のイメージが、「高度情報化社会」の内実を持続可能社会へと方向づけていくうえでふさわしいと思われるのである(34)。

［付記］本論は、日本哲学会雑誌『哲学』No.四八所収の拙稿「情報化社会における人間存在」に加筆・修正し、原語のいくつかを削除して読みやすくしたものである。

注

（1）「人工知能」関係に関する私の見解に関しては、以下参照。拙著「人工知能問題と意識論の深化」『思想と現代』三三号、一九九三年。また拙著「哲学と情報概念――人工知能・世界理解・仮想現実を巡って――」『社会と情報』創刊号、一九九七年。

（2）Bolter, Jay David. *Turing'Man.* North Carolina Press, 1984, p.13.（土屋俊他訳『チューリング・マン』みすず書房、一九九五年、一八頁）

（3）Bolter, Jay David. *Writing Space: The Computer, Hypertext, and the History of Writing.* Fairlawn, N.J.: Erlbaum, 1990, p.6.（黒崎政男他訳『ライティングスペース――電子テキスト時代のエクリチュール』産業図書、一九九四年、一一頁）訳文に関しては、本書以外もそうだが、基本的に邦訳書に従ったが、若干変えたところもある。

（4）Ibid., p.88.（一四六頁）

（5）Ibid., p.198.（三四七頁）

（6）Ibid., p.207.（三六三頁）

（7）Ibid., p.208.（三六三頁）

（8）Ibid., p.197.（三四五頁）

（9）Ibid., p.221.（三八八頁）

（10）Ibid., p.221.（三八九頁）

（11）拙著「環境問題と人間・自然観」尾関編著『環境哲学の探求』所収、青木書店、一九九六年、二九頁、参照。

（12）Bolter, J. D., op.cit., p.218.（三八三頁）

（13）公平を期すためにいえば、正確にはボルターは精神は知覚と記号体系の二つから成り立っているとしているが、知覚の過小評価によって結局は、精神＝思考＝記号体系としているように思われるからである。そもそも彼は、知覚と記号体系を対置するのみでその媒介関係を見ない点が、志向性の問題ともかかわって問題であろう。この点では、言語や志向性の基底に知覚的対象に関わる〝指示の身振り〟を強調したチャン・デュク・タオの議論が思い起こされる。Tran Duc Thao. *Recherches sur l'origine du langage et de la conscience.* Editions sociales, 1973.（花崎皋平『言語と意識の起源』岩波書店、一九七九年）

（14）Ibid., p.233.（四一一頁）

（15）Ong,Walter Jackson. *Orality and Literacy, Tecnologizing of the Word.* Metuen, 1982, p.69.（桜井他訳『声の文化と文字の文化』藤原書店、一九九一年、一四七頁）なお、同書からの引用ページは本文中に付記。

（16）拙著『言語と人間』「第三章　言語の疎外をめぐって」、とくに二〇八頁以下参照。

（17）Ong,W. J., op.cit., p.106.（二二〇頁）

(18) Ibid. p.80.（一七〇頁）

(19) ここで私は、中井正一の「委員会の論理」（『中井正一全集』第一巻、美術出版社、一九八一年）のバージョンアップを考えているわけではないが、問題意識の重なりは認めておきたい。

(20) Marx, Karl. *Grundrisse der Kritik der politischen Ëkonomie.* Diez Verlag Berlin 1953, S.75.（高木幸二郎監訳『経済学批判要綱』大月書店、一九五八年、七九頁）

(21) 今日の学校における子どもの死に至る〝いじめ〟や、「コミュニケーション不全症候群」の若者の現状をこの視点から見ることを以下で試みた。拙著『現代コミュニケーションと共生・共同』、とくに「第一章　豊かな社会のコミュニケーション疎外」青木書店、一九九五年参照。

(22) Marx Engels Werke, Bd.40, S.461（『マルクス-エンゲルス全集』四〇巻、大月書店、該当原著頁）

(23) Marx Engels Werke, Ergänzungsband Schriften bis 1844 Erster Teil. S.554（『マルクス-エンゲルス全集』補巻1、大月書店、該当原著頁）

(24) 古川良治「電子コミュニティの〝虚〟と〝実〟」『電子ネットワーキングの社会心理』誠信書房、一九九三年、一〇九頁

(25) 宮台真司「見当違いの倫理主義を排斥せよ」『へるめす』岩波書店、一九九六年九月号、二〇頁、参照。

(26) この点をも含めたハーバマス理論の包括的な私なりの検討は以下を参照。拙著「コミュニケーション的行為と人間・社会観の基底」吉田傑俊他編著『ハーバマスを読む』所収、大月書店、一九九五年。

(27) Habermas, Jürgen. *Zur Rekonstruktion des historischen Materialismus.* Suhrkamp, 1976, S.156.（清水多吉他訳「史的唯物論の再構成」（部分訳）『思想』岩波書店、一九八二年、二一一頁）

(28) ただ、ハーバマスの場合、根底にコミュニケーション行為を労働行為と対置する発想が強いので、どうしてもコミュニケーション主体が労働主体と切り離される傾向がある。このことは、ハーバマスの主体をカント的な超越論的主体の傾向を帯びさせ、ポストモダンの批判を誘発することになっている。この点では、私はコミュニケーションと労働の内的連関・相互浸透を強調し、コミュニケーション的主体に労働主体を統合させることを必要とした。参照、拙著『言語的コミュニケーションと労働の弁証法』大月書店、一九八九年。また拙著「思想としてのコミュニケーションと人間観の深化」尾関・後藤道夫・佐藤和夫編著『ラディカルに哲学する』第三巻所収、大月書店、一九九五年。

(29) Poster, Mark. *The Mode of Information.* Oxford: Polity Press, 1990, p.6.（室井他訳『情報様式論』岩波書店、一九九一年、一〇頁）

（30）東独出身のクリューガーは、おそらく東独社会が言論抑圧の社会であったことを念頭においてであろうが、マルクス思想に市民的公共性の理念を内在させるような理論構築をハーバマスを参照して行っている。 Krüger, H.P. *Zur Differenz zwischen kapitalistischer und moderner Gesellschaft.* Deutsche Zeitschrift für Philosophie, 1990, Heft 3.

（31）Gumpert, Gary. *Talking Tombstones and Other Tales of the Media Age.* Oxford University Press, 1987. p.185.（石丸正訳『メディアの時代』新潮社、一九九〇年、二六〇頁）

（32）マイケル・ハイムによれば、バーチャル・リアリティ研究にはいろいろな系譜があるが、多くの先駆者の理想とするものは、テレビのＳＦ番組『スタートレック――次の世代』に出てきたホロデック（Holodeck）であるとのことである。これは、命令するとさまざまなリアルな環境を創り出す「仮想の部屋」である。Heim, Michael. *The Metaphysics of Virtual Reality.* New York:Oxford University Press, 1993, p.122.（田畑暁生訳『仮想現実のメタフィジックス』岩波書店、一九九五年、一八六頁）

（33）西垣通『マルチメディア』岩波書店、一九九四年、一三二頁。

（34）電子メディアが生産と消費の統一のライフスタイルとどうかかわってくるかは、トフラーの『第三の波』に批判的にふれつつ、拙著『現代コミュニケーションと共生・共同』第二章で問題にした。また、「自然へのコミュニケーション的態度」についての私の見解は、同書第五章でディープ・エコロジーの評価とかかわらせて述べたので参照されたい。

第12章　生活経済論から見た人間

暉峻淑子

1　人間のもつ二つの自然の葛藤

「経済と心」というテーマは、過去から未来まで、人間の生存とともにありつづける永遠のテーマである。それは人間のもつ二つの自然、すなわち、

(1)　地球の自然環境と交流しあう、生物としての感覚的で身体的な第一の自然、

(2)　舵取りを誤れば自然環境や人間性自身をさえ破壊しかねない、科学、技術、生産活動を行う第二の自然、

この二つの自然が、現代社会では相互補完関係を逸脱して、敵対的葛藤を引き起こしている。その極限は、平和の名をかりて行われる武器の無限の技術的発達――核、地雷、劣化ウラン弾、クラスター爆弾、生物兵器などの産軍癒着の姿だといえようか。

本来は人間の心と結びつき、人間生活の豊かさを実現することが目的であった経済活動が、技術の発展と、技術と資本が結びつくことによって、自然および自然の一部である人間を破壊する危険性さえもつようになった。とくに社会を全面的に商品化した資本主義経済社会になると、経済活動は最大限に利潤を得ようとする資本の欲望によって動かされ、技術も資本主義的無限の競争のもとで、飛躍的に発達する。その結果、経済は、

人間らしい心と福祉社会を充実させる本来の目的から逸脱して、人間と自然環境を破壊するものにさえ転化したのである。その悲劇を、いま、私たちは味わっている。

なぜなら人間の心は一面的に利潤だけを求めるような、単純なものではないからだ。人間の心は、愛情や悲しみ、やさしさや思いやり、繊細な感受性や芸術性、他者をはぐくむ喜び、友情や一体感を求めるなど、生きることにむけての、もっと多面的、全体的なものをもっている。それは健康や人間生活が生命の全体性に支えられていることと同義である。欲望もまた生命力と結びついた心のはたらきのひとつではあるが、それだけが突出して人間がもつ全体性のバランスを崩してしまうと、自然も社会も個人も、「生きる」というもっとも大切な価値を何かの手段にしてしまう。

昔から「心ある人」といえば、自然や他者への配慮に富み、思いやりや助け合う心を大切にする人を意味していた。これと反対語の「心なき人」という言葉は、配慮のない無神経なエゴイストを意味する。人間が巨大な生産力の可能性をもてばもつほど、心なき人であってはならないのである。

しかし、人間にかぎらず、生物は生きているかぎり、消費することで生命を支えている。だから、生きるとは消費をすることなのだ。その消費財をより豊かに得ようとすれば、他の動物と違う人間は、原始時代のような採集経済に頼るだけでは、豊かな消費財を獲得できない。また、自然の変化にも対応できない。「人間は道具をつくる動物である」というフランクリンの言葉に象徴されるように、人間はより豊かで、自然の脅威にも対応できる生活を求めて、合目的的な生産活動を行ってきた。農耕による植物の栽培や家畜の飼育などに始まり、生産力をあげるために、道具を改良し、技術を進歩させてきた。生活資糧がより豊富に得られれば、老人や子どもなどの、非生産人口を養っていくこともできるし労働時間を短縮することもできる。日本人の平均寿命の伸びも、その土台に経済力があったことを否定できない。

繰り返し述べるように、人間の経済活動のはじまりは、生きるために不可欠な、生活資糧を得ようとする「欲望」に根ざしていた。それが経済学でいう需要である。ただし、その欲望つまり需要は生存、生活のための具体的な使用価値・便益（食料や住居や教育など）に対する欲望であって、具体的な使用価値から離れた貨幣・資本の蓄積増殖への欲望・需要とは異なるものだった。

2 生活のための需要と致富欲

使用価値にたいする欲望は、具体的な必要と結びついているから、その分、人間的な心とより直接に結びついているといえる。しかし、貨幣は、もともと物々交換の仲介物として、それぞれ異なったモノの価値を測り交換を便利にする、共通の（それゆえに抽象化された）手段である。その貨幣が、いつでも、どこでも、何とでも交換できる富の蓄積手段として使われるようになると、それは具体性から離れて、特別の具体的なあるものを目的としない抽象的な富になる。それが使われるのは、一般性をもつ富としての貨幣を、もっとふやそうとする増殖欲を目的とする場合だけだ。

だから貨幣は心との具体的な結びつきから離れ、もっと多くの貨幣を得るための手段になる。そのとき、それは人間の生活資糧に対する具体的な必要とも無縁になり、逆に人間を搾取したり、富の独占によって社会や人々を支配する者にさえなってしまう。『ベニスの商人』のシャイロックが人の心を踏みにじるのもそのためだ。たえまなく価値を増殖することを目的とする「資本」としての貨幣と、人間の生活のための手段である貨幣とは、同じ貨幣ではあっても、異質なものである。生活のための貨幣は、現在では賃金として得られることが多く、賃金は具体的な衣食住や教育、文化活動などの生活の必要を満たすために使われる。何にどう使うかを決めるのは、生活者としての心のはたらきである。

商品社会での生活資糧は、すべて商品として市場で買わなければならないから、賃金としての貨幣は、商品のかたちをとった生活資糧の購買に支出される。しかし、その目的は買うことにあるのではなく、その商品を使うことで生存・生活がよりよいものになり、それらの商品を使うことによって、人間らしい心の満足が得られるということにほかならない。つまり、モノの使用価値は、人格の成長や心の満足と結びついている。もし、生活のなかで、貯蓄が行われるとしても、それは事故や後年の生活の必要にあてられるためであり、教育費や老後生活のための備えである。つまり、投資のための投資を行い、無限の利潤を追求するためのものではない。

それは資本の増殖とは根本的に違った目的をもっている。あの世までカネを持っていけるわけではないし、贅沢や食べ過ぎはむしろ、人間の健康や思考力・判断力にとって有害でさえある。

人間の肉体に限界があるということは、人間とモノとの関係にも、おのずから限界があり、足ることを知る生活が自然な生活だということでもある。

繰り返しになるが資本にとっては、株の売買や為替相場への投機は、具体的なモノにたいする必要から行われるのではない。ただ利潤の獲得と資本の価値増殖を目的として支出されるのだ。グローバル化した金融資本としてのメガバンクや巨大な多国籍企業、ヘッジファンドなどが国境を越えて債権や株券などの金融商品に投資され、通貨の為替相場も投機の対象とされている。国際決済銀行の発表によれば、二〇〇五年、通貨取引量は一日で一兆八八〇〇億ドルにも達し、そのうち財貨やサービスなどの実物貿易に必要な通貨の量は、取引総額のわずか五%に過ぎなかった。利潤目当ての通貨投機が、しばしば発展途上国の経済を破綻させるため、通貨取引の〇・一%に課税して、その税収で最貧国を救援しようという「トービン税」は、通貨取引による利益の一部をせめて人間のために使おうという、生活者としての心の提案である。

商品経済社会では、カネがなければ何事も始まらないが、カネもうけをすることと心の充足感とはイコールではない。

人間の生活と心を豊かにするための経済が、かえって社会的貧困をつくり出しているのは、本末転倒なのに、そのことに対する批判はめっきり影をひそめて、日本では新自由主義的市場競争がすべてを解決する万能薬のように思われている。国連の人間開発報告によれば、もっとも豊かな国にすむ世界人口の五分の一と、もっとも貧しい国々に住む五分の一の人口の、所得の差は、一九六〇年の三〇対一から、九〇年には六〇対一に、二〇〇〇年には七八対一に拡大している。二〇〇五年、国連開発計画の人間開発計画報告は「一日二ドル以下で生活するものは、世界総人口の四〇％にあたる二五億人であり、それは世界総収入の五％である」と指摘している。

マスメディアは、国内総生産（GDP）とか経済成長率などのマクロの数値、つまりトータルな数字で経済を判断する習慣から抜け切れない。けれども、全体の数字は一人か二人のビル・ゲイツが現われればいくらでもはねあがる。しかし、それによって、貧困がなくなることはないのだ。かえって貧困が増えている事実をみると、私たちは経済そのものに、自動的に人間的な心を期待することができないことを知る。市場には所得の再分配機能はもともと備わってはいない。

日本の現在の状況もまったく同じである。厚生労働省の所得再分配調査によると、当初所得で所得の低い一、二分位と、所得の高い九、一〇分位との差は、一九六二年には八倍であったのが、二〇〇二年には一六八倍に拡大している。

日本の政治経済政策は、人権や平等・平和や環境という、人間にとってかけがえのない生活と心の土台を切り捨て、経済競争によって、全体的なマクロの数字を上げようとしている。そのために、経済力の強い大企業には営利の自由を与え、税制の優遇措置をして、利益の増大を助ける。その反面、中小企業や労働者や若者の未来を犠牲にしてもかまわないという差別政策をとっている。

実例をあげるまでもなく、経済の新自由主義、規制緩和、構造改革などの政策は、グローバルな経済競争に勝ち、強者の自由を確保する政策である。そのために、労働者が苛酷な超長時間労働を強られ、家庭生活に対する責任も、人間らしい家族生活を営む時間も、地域社会と交わり貢献する時間も体力も犠牲にしてきた。その極限は過労死である。生活者としての経験こそ、本当の人間らしい創造性を生み出すものなのに、効率的な収益拡大にのみ、労働を総動員することによって、労働の喜びも、生活の喜びも、文化へのアクセスも犠牲にされてきた。三菱自動車の欠陥車問題にしても、UFJ銀行が金融庁の検査に資料隠しをしたことにしても、雪印乳業の混乳事件やフジチクの偽装肉事件、道路公団の官民談合事件、日本の一流企業であるトヨタ、松下、ニコンなどが請負労働者を派遣労働者と偽って人件費を節約するなど、利益第一主義による社会の崩壊は誰の目にも明らかである。企業収益のためなら、倫理性の無視も弱肉強食も当然のこととされている。

大企業と中小零細企業との間の賃金格差や男女賃金格差だけでなく、そのうえに正規社員と、非正規社員の労働条件の格差が新たに持ち込まれるようになった。非正規社員はいつ解雇されるかわからない不安定な生活のうえに、社会保険からも排除される不利益を受けている。そのことを知らない企業はないはずだ。

非正規社員とは、派遣労働、パート、アルバイト、フリーター請負などで、企業は人件費のコストを切り下げることで利潤を上げるけれども、不安定労働者のほうは、生活の計画が成り立たず、結婚も子どもを生み育てることもできない。生活不安は精神的不安であり、心のゆとりや他者を思いやる余裕を失わせる。その結果、犯罪多発社会になると、人々はさらに自己保身に走り、心の自由や人権を制限しかねない警察国家を望むようになる。つまり、強い権力が自分を守ってくれると思うのである。

社会の宝は、社会のなかに信頼があることであり、万一のときには助けの手がさしのべられ、社会的に排除されることがない社会である。社会的差別も解消されて、平等と自由に一歩一歩近づいていく社会の未来に希望がもてることである。それは「信頼」という人間社会の精神的インフラともいえよう。

現在、正規社員と非正規社員との賃金格差は、ボーナスまで含めると男性で正規社員の三九%、女性で五四%である。過去五年間に正規社員が約四〇〇万人減り、非正規社員が約三六八万人増えている。ということは、賃金コストを節約するために、正規社員と非正規社員の入れ替えが行われたということだ。小売業、卸売業、飲食店、サービス業の非正規社員はすでに従業員の四割を超え、とくに飲食店では七割以上が非正規である。賃金だけでなく、企業が社会保険の企業負担を嫌って、不安定労働者を社会保険に加入させないことで、生活はますます不安定になり、生活費はますます増える。なかでも、老齢年金保険は二五年以上保険金を掛けつづけなければならないから、不安定労働者にとっては、決定的に不利である。フリーターの一〇万円にもみたない月収から、月々一万三千円を超える年金保険料をどうやって払えるというのだろうか。正規社員になるために、労働能力を向上させようとすれば、企業内研修のない非正規社員は、自分で授業料を払って資格をとらねばならない。正規雇用に結びつくような資格取得には高額な費用がかかる。

それだけではない。現状よりもはるかに低く厚生労働省によって推計されている数字をみても、三五〇万人内外を低迷する失業者がいる。その他、就職をまったく諦めたニートが一一〇万人（玄田有史）、生活保護家庭が一〇〇万人を超え、生活保護からはずれたホームレスが三万人、自殺者が七年続けて三万人――つまり、国内総生産や国民所得のマクロの数字を高めるいけにえとして、人間生活や人権が犠牲にされていることが誰の目にも明らかだ。はじめに述べた、技術や生産性という人間のもつ第二の自然が、生命の全体性と人間社会を崩壊させつつあるのだ。

不安定労働者は単純労働であるうえに不安定な低賃金労働によって、労働に喜びと希望を感じることもない。働く仲間は、助け合う協働の喜びよりも、競争相手であり、成果主義賃金で、妬みあう相手となる。こうして上下に二極化された社会は、階層移動ができないまま固定化され、子どもの世代にまで、階層格差が宿命づけられる。

3 本当の経済活動とは

もともと経済という言葉は、中国の随の王通の著した『文中子《ぶんちゅうし》』という書に出てくる「経国済民《けいこくさいみん》」という言葉に由来している。つまり、経済的な活動によって民を済《すく》うという意味の「経」と「済」という文字をとり、経済とは民を救うことであった。経済が貧困を創りだすことを意味していたわけではない。

また「エコノミー」という言葉は、ギリシャ語の「オイコスノモス」に由来し、今の言葉でいえば、家政である。生計をどうやってうまく維持、経営するかということは、個人生活と社会的な「経」「済」の仕組み（今日の言葉でいえば社会的インフラや社会保障制度など）とが、補完しあって、合目的的に行われるとき、はじめて人間の福祉生活として実現される。

私たちは、自然は美しいとか、家族を愛するとか、自然と共にある本能的な満足を大切にするとともに、その物質的な基盤を豊かに確実にすることによって、安全で、子どもや老人や障害者も共に生きのびられる社会をめざしてきた。物的基盤をつくるものとしての経済は、いつも社会的にそして、歴史的に行われるから、社会のあり方と経済は密接に関係している。家族や企業のなかで、あるいは社会のなかで行われる分業は、同時に、それらの分業を結びつけて完成品にする協業によって完結する。分業と協業だけでなく、雇われる労働者と、雇う資本家というように、生産はいつも社会的な人間関係のもとで行われてきた。横のつながりだけでなく、時間的な縦の関係においても、経済は技術的にも、物質的にも、過去の技術や組織を受け継ぎ、改良して将来にも残すという意味で、常に再生産の連続体だった。いや、それだけでなく、経済のあり方が社会を変革してきた。それは人間に特有の歴史社会である。たとえば周知のように、いま、私たちが求めてやまない「自由」は、経済が封建社会を壊して資本主義社会になったとき、契約の自由、営利の自由として出てきたもので、それが現在のように、人権や社会権というより広義な精神的自由をも実現しているのである。

経済が技術的にも、人間の生産関係としても、社会的に行われているということは、人間の存在がもともと孤立したものではなく、孤立しては生きられないことを示している。また、経済活動が自然の資源を利用して成り立っていることは、私たちの生存が自然と一体のものであることを示している。経済の側面から見てさえも、人間は個人であると同時に社会人であり、自然人であるのだ。

経済とは、結局、何を、どれだけ、どのようにつくるかという人間生活にとっての必須の課題を、それぞれの社会のあり方のもとで行い、解決してきた営みである。

なかでも効率的に資源と労働を配分し、効率的に生産しようとすれば、経済の社会性は政治とも不可分に結びつく。政治を誰のために動かすかによって、経済のあり方も変わってくる。とくに、税制や財政支出のあり方、経済政策や社会政策は、経済と国民生活の関係に大きな影響力をもっている。規制緩和といいながら、経済界から膨大な政治資金を受けとり、それにともなって財界が国の政策へ深く介入すれば、人間としての「生命の全体性」を尊重する心ある福祉社会は遠のき、経済成長優先社会に誘導されることになるだろう。

要約すれば、経済が人間の命を支え、生活を支えているかぎりでは、つまり福祉社会を実現するかぎりでは、経済の効率性というものも尊重されてよい。それは人間のための経済だからである。しかし、効率性がより効率を高めるための効率になり、富が福祉社会の手段ではなく、富をためこむことに人間を奉仕させる社会になったとき、経済は貧困をつくり出すものになる。人間らしい心の荒廃もつくり出される。

あるとき、中山成彬、元文部科学大臣が、現在は競争社会だから、教育のなかにもっと競争を取り入れたほうがいい、という見解を述べた。それにたいして、高校生たちが「いったい、何のために競争するのか。競争に勝って何をしようというのか。競争に勝つことがどんな意義をもっているのか」と疑問を述べた。高校生のほうが人間としての冷静で正しい判断をもっているといえよう。社会全体が競争そのものを目的として、なだれのように走り出したら、競争に勝つためには手段を選ばず、という社会になり、弱肉強食も戦争も肯定されるにちがいない。

いま、必要なのは、より大きな利益を求めて盲目的に、グローバルに活動する「巨大資本というトラ」の背にまたがって、経済力が真に心ある福祉社会の実現に向かうように、手綱をとる人間と社会を育てることである。言葉をかえれば、民主主義がめざす人間のための社会が、経済力の奴隷となることのないように確立する、ということである。自由のなかに人間の尊厳を確立することである。

そのような社会と人間を育てるために必要なのは、教育の力である。教育の場を経済競争の予備軍育成の場にしたり、利潤を生み出せそうな人間を基準にして、選別の場にしてはならない。日本の教育が、人間らしい判断をもつ人格の完成をめざし、教育基本法にうたわれている個人の尊厳、個性の尊重、平和と福祉社会を希求する人間を育てるということを忘れて、いや、否定さえして、経済成長の奴隷を育ててはならない。普遍的な人権や平和の価値から離れて、子どもを偏狭な愛国心の奴隷にしてはならない。そのような社会は経済と心をいよいよ敵対的にして、モノとカネが人間の心を支配し、荒廃させることになるだろう。

いま、国際的には、連帯経済といわれる人間のための経済、競争でつぶしあうのではなく、互助互恵をめざす経済が提唱されている。先に述べたトービン税もその一つであり、最貧国への債務免除とともに、職業訓練や環境を守る技術援助によって、自立支援を進める活動も活発化している。青年の交流も盛んになって、相互理解を進めている。

そして、また、人間個人の側でも、物質的にどこまで豊かになれば人間としての幸福感が得られるのか、物質的豊かさが子育てや子どもの人格形成にかえってマイナスにはたらいているのではないか、という切実な問題がとりあげられている。事実、家計調査のうえでも、一九七〇年代に食料費の支出の半分以上がレトルト食品や調理済み食品に支出されるようになると、それと同時に、児童の健康状態がかえって悪化していることが、文部科学省の学校保健調査で明らかにされているのだ。マイカーへの依存が、地球温暖化や空気を汚すだけでなく、健康に歩くことの楽しみを奪い、公共交通を衰退させて、公共交通にしか頼れない人を困らせている社会現象もある。それは藤田省三の言うように、便利と安楽を求める全体主義が、人間性を破壊している現実の一面である。

個人としても、社会としても、経済力が巨大になればなるほど、心が経済の奴隷とならないように巨大経済に対抗できる思想と行動が確立されなければならない。それは、重要な人間共通の課題であり人間学の課題なのである。

第13章　戦争の現場から人間を見る

大石芳野

1 カンボジアで見たもの

私は写真を撮りはじめて、三十数年という歳月を歩んできた。主に「人間と戦争」が私のテーマである。戦争を、単純に武器と武器を持ってお互いに戦うことというように考えると、カンボジアのポル・ポト時代の大虐殺などは、戦争とは言わないのかもしれない。たぶん戦争という言葉でくくれるものではないが、政治の暴力によって人々が非常に虐待されているということで、カンボジアのポル・ポト政権による大恐怖政治は、私のもっとも重要なテーマの一つである。長い間、この類いの仕事をしていても、やはりもっとも衝撃的だったのは、そのポル・ポト政権による大虐殺であった。今でも、いったいなぜ、あれだけ大勢の人たちを殺さなければいけなかったのかということについては、簡単に解きがたい疑問をかかえたままである。中国の文革の影響が強くあったと思われるが、それにしてもなぜ、というのが、私にとっては解明できない、ひとつの大きな問題になっている。

ポル・ポト時代のカンボジアについて、当時の日本では、大虐殺などなかった、あれはねつ造であるという風説が五、六年、あるいはもっと続いたであろうか、かなり長い間続き、私も〝ねつ造するフォトグラファー〟

といわれ、最初はかなり辛い思い――あれを〝辛い〟と言っていいかどうかわからないが――をしたわけである。やがて自衛隊を派遣することなどで日本の政治情勢が急変して、ポル・ポトは二十世紀、ナチスに次いでひどい政権であったというように多くの人たちも論じるようになった。「カンボジアのポル・ポトによる大虐殺」と簡単に口にしているが、大虐殺をしている間――すなわち一九七五年四月から七九年一月までの約四年間――は、私はカンボジアに入れなかった。その後、一九八〇年の七月にやっと入った。まだまだ生々しい傷跡が残っており、人々は瀕死の重傷を負っているといった感じをいたるところで受けた。全土いたるところにマスグレイブと呼ばれる、まだ掘り起こしていない大勢の犠牲になった人たちの埋められた場所があった。『キリング・フィールド』という映画でそのことが有名になったが、大虐殺現場はいたるところにあり、八〇、八一年の頃などは、私が、現地にしばらくいたせいか、まだ発掘されていないところでも、どこが虐殺現場かということがわかるようになっていた。そこを村人に頼んで掘ってもらったりしたほど、私のような他国者にも、どこが現場だったかということがわかるような、そういうひどい状態であった。

現在ではおそらく、私の感じでは発掘していないところは、ほとんどないだろうと思うが、本当のところはまだわからない。現在は、人々が発掘した遺骨を納骨堂に納めてお線香をあげているという状況であるが、こうなるまでに、何年も何年もかかったのである。

カンボジアの大虐殺を見て、これはまるでアウシュヴィッツみたいだと感じた。そうは言っても、当時私はまだアウシュヴィッツへ行ったことがなかったので、これは行ってみなければいけないという気になった。カンボジアのポル・ポト時代より過去のことであるが、アウシュヴィッツの大虐殺の人数は、百万人の単位、四〇〇万人ともいわれ、欧州全体では合わせて六〇〇万人の犠牲が出たといわれている。言われていることからすれば、カンボジアの犠牲者はそこまでの数字ではないとしても、しかし、政権による残虐行為は、まるでアウシュヴィッツを彷彿とさせる凄惨なものであった。そのような思いがあり、これはアウシュヴィッツへ行かねばということで実際に訪れたのが八六年であった。そのときは戦争が終わって四〇年くらい経っていたのだが、生き延びた人たちのうち、合計二〇〇人くらいの人に会って話を聞いた。

そこでやはり、カンボジアと印象が重なった。三〇年、四〇年経っても、一人ひとりの記憶というか、心の根っこというか、そういうものには、戦争の体験が非常に色濃く残っているのだということを強く感じさせられた。たとえば、五、六歳、あるいは一〇歳の子どもがアウシュヴィッツなどに入れられ、ほとんどが殺されたのであるが、運良く生き残った子どもたちがいる。そういう人たちは五〇歳、六〇歳になっているのだが、生まれてからたかが五年あるいは一〇年の人生のなかのさらに半年か一年か二年かの、本当に短い間の体験でしかないのだが、ずっとそれ以降、一人ひとりを押しつぶすようにしてその体験が存在していると、つくづく思った。当時のカンボジアはまだ生々しい状況であり、もちろんガス室などがあるわけではないし状況も違うけれども、一方が三〇年も四〇年も経っているのに、両者が非常によく似ていて、重なるように感じた。と同時に、アウシュヴィッツなどで犠牲になった人と重なって強烈に感じるのが、広島や長崎で被爆した人々であり、沖縄戦で犠牲になった人々や東京大空襲の犠牲者などのことである。

そのようなわけで、私は戦場にあった人、あるいは戦争を体験し、戦火をくぐりぬけた人たちが、その後どのように生きているか、精神的にどんなふうにして自分自身と向かい合いつつ歳月を歩んでいるかということがとても気になりはじめたのである。そして、今でもそういう面に焦点を当てた取材を続けている。このような生々しい現場が世界でいくつも、あちこちで起こったりするもので、コソボ内戦といえばコソボに飛んでいったり、アフガニスタンが爆撃されたというとアフガニスタンに飛んでいったりしている。実は、イラクには残念ながらまだ行けないでいる。

2　アフガニスタンで出会った光景

いま、私にとっていちばん新しい課題がアフガニスタンである。「戦争と人間学」という課題に応えるとすれば、もしかしたらカンボジアのポル・ポトの大虐殺を生き延びた人たちについて述べるほうがふさわしいかとも思ったのだが、写真取材としてはもっとも新しいアフガニスタンを題材に取り上げることにする。

いま、アフガニスタンを生きている人たちが、ギリシャのアレキサンダー大王の東方遠征の影響を受けたとか、モンゴルなどをはじめ、中国やインドと、東西の文化などさまざまな影響を受けながら今日ある。

アフガニスタンは、一九一九年にイギリスから独立し、その後はずっと独立国である。ところが、一九七九年にソ連軍が侵攻し、それ以降、内戦が続き、タリバンとアルカイダが支配し、そして米軍の爆撃となった。実は今でも局地的ではあるが戦争が続いている。そういうアフガニスタンに私が行ったのが二〇〇二年三月であった。

写真①

アフガニスタンというと、岩山と砂漠のイメージをもたれると思うが、首都カブールは、海抜一八〇〇メートルくらいにあり、国内のあちらこちらに高地が多くて、冬は雪が降り、気温は零下二〇℃、三〇℃になるところはざらである。

写真①は遺跡のように見えるがカブールの住宅街である。住宅地はここだけではなく、いたるところにあるが、本当に多くの住宅地がこのような状態になっている。このときはまだ難民がほとんど戻っていなかったので閑散としているが、二〇〇一年に行ったここの地区に関していえば、少し人々が戻って壁ができはじめていた。

カブール市内にも、崩壊した住宅街にパキスタンから戻ってきた家族が家を造りはじめていた。ソ連軍の進攻により一〇年間も戦争があり、その後も内戦が続いたことが、カブールなどを非常に崩壊させた元凶でもある。さらにその後、内戦状態を憂い強権的な支配統制を行ったのがタリバンである。彼らはイスラム教の強烈な原理主義者たちで、恐怖政治が行われた。そのタリバンがアルカイダの侵入を許し、内戦状態になったり、一方的に攻撃された地域がたくさんある。

写真②の女性は、内戦の間、一歩もカブールから出たことがないという人だった。私は最初に会ったとき、この彼女は二〇代半ばで夫を戦争で失い、子どもを三人くらい抱えて町で物乞いをしているのだろうかと思っ

写真②

た。ところが、年齢を聞いたら一三歳というのである。たいへん驚いて自分の耳を疑い、三度も聞き直したほどであった。彼女を見かけたのは、彼女が後ろ向きで炊事の作業をしていたときであったが、その後ろ姿はおばあさんかと思ったくらいであった。彼女がとても気になったので、その後も何度か訪ねた。付きあうなかで彼女が徐々に心を開いて、日本の一三歳とは比較できないが、まさにこれが少女だろうというような、表情をみせるようになっていくのを見て、私はほっとした。彼女は父親を戦争で失っていた。

写真③は、両親を戦争で失った一三歳の男の子である。このような子どもたちは生きるために町で物を売っている。洗剤とビニール袋を売っているところである。

写真④の、この男の子二人は兄弟で、その後ろは友だちであるが、父親を戦争中に失った。道路補修のアルバイトをしている。アフガニスタン特有の道路である。戦時中はゲリラが両側の木のない岩山の岩に隠れて、ロケット砲などで反撃していた。そのことを最初に聞いたのは、実はソ連を訪れたときであった。まだ崩壊する前のソ連で、アフガニスタンに行った何人もの帰還兵にあちこちで会った。彼ら加害者がどんな心理状態になっているかということに興味をもったからであった。帰還兵たちはさまざまな理由で重いシンドロームを患っている。こうした道を戦車隊で移動しているときに岩陰からロケット砲

写真③

写真④

でやられたという話をたくさん聞いた場所のひとつを、私は、彼らの顔を思い浮べ複雑な思いをしながら通ったことを思い出す。

写真⑤は母親と一緒のところだが、アフガニスタンのイスラム教はタリバンのときは、とくに女性に対してたいへん厳しかった。今でも女性が、たとえば東南アジアのカンボジアとかベトナムでよく見かける物売り風景のように、地べたに座って野菜とか魚を売るなどということはほとんど許され

写真⑤

ない。夫がいないと働けない、収入がない。だから息子を働きに出すしかないのが現状であるが、息子がいても十分に食べていけない人たちは結局、親や兄弟の世話になるしかないようだ。

写真⑥の少女は難民から戻ってきたばかりの九歳の少女である。学校に行けるようになってこんなにうれしいことはないということだった。

写真⑦の少女は一二歳で、アメリカ軍が爆撃したクラスター爆弾の地雷化したもので両足を失い、膝から下がない。そのとき一緒にいた母親は亡くなった。小学校が少しずつ再開していたが、クラスに二人、義足の子どもがいて、その二人とも難民から戻ってくる途中に地雷を踏んでしまったということであった。

写真⑧はがれきのようになっているが、もとは住宅地で、実はここはアメリカ軍の爆撃があったところである。この女性は左肩から背中に大怪我をしていた。誤爆ということは人々はみな知っている。しかし誤爆だ

写真⑥

というなら、ごめんなさいの一言もあってもいいのに一言も言われない、しかも一セントも補償されていない、と怒っていた。彼女は、大怪我をしたそのとき、四人の子どもを失った。

写真⑨のこの六歳の男の子は、隣の家に爆弾が落ちて、兄と母親が大怪我をして、彼は心に大きな傷を受けていた。

写真⑩の一二歳の少年が左手を置いているのは壊れたドアである。実はアメリカ軍が夜中に大勢侵入し、父親を逮捕し、おじや村人を殺し、彼らの財産を持ち去ってしまったと、彼は泣きながら話していた。アメリカ軍が攻め込んできた理由は、タリバンと関係があるということであった。（家族は強く否定していたが。）

いま、アメリカ軍がまだ局地的とはいえ、爆撃を続けている理由は、タリバンとアルカイダ

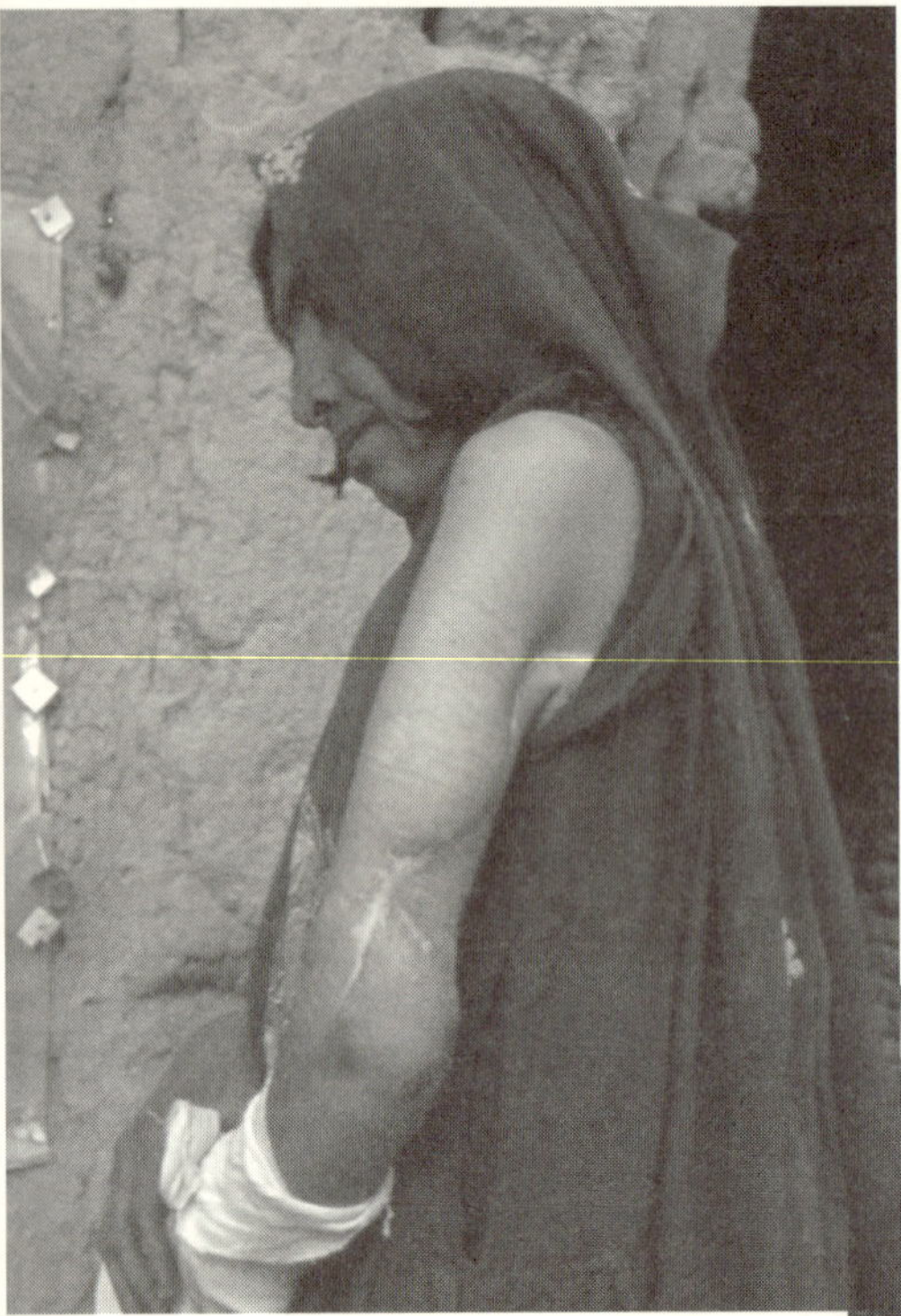

写真⑧

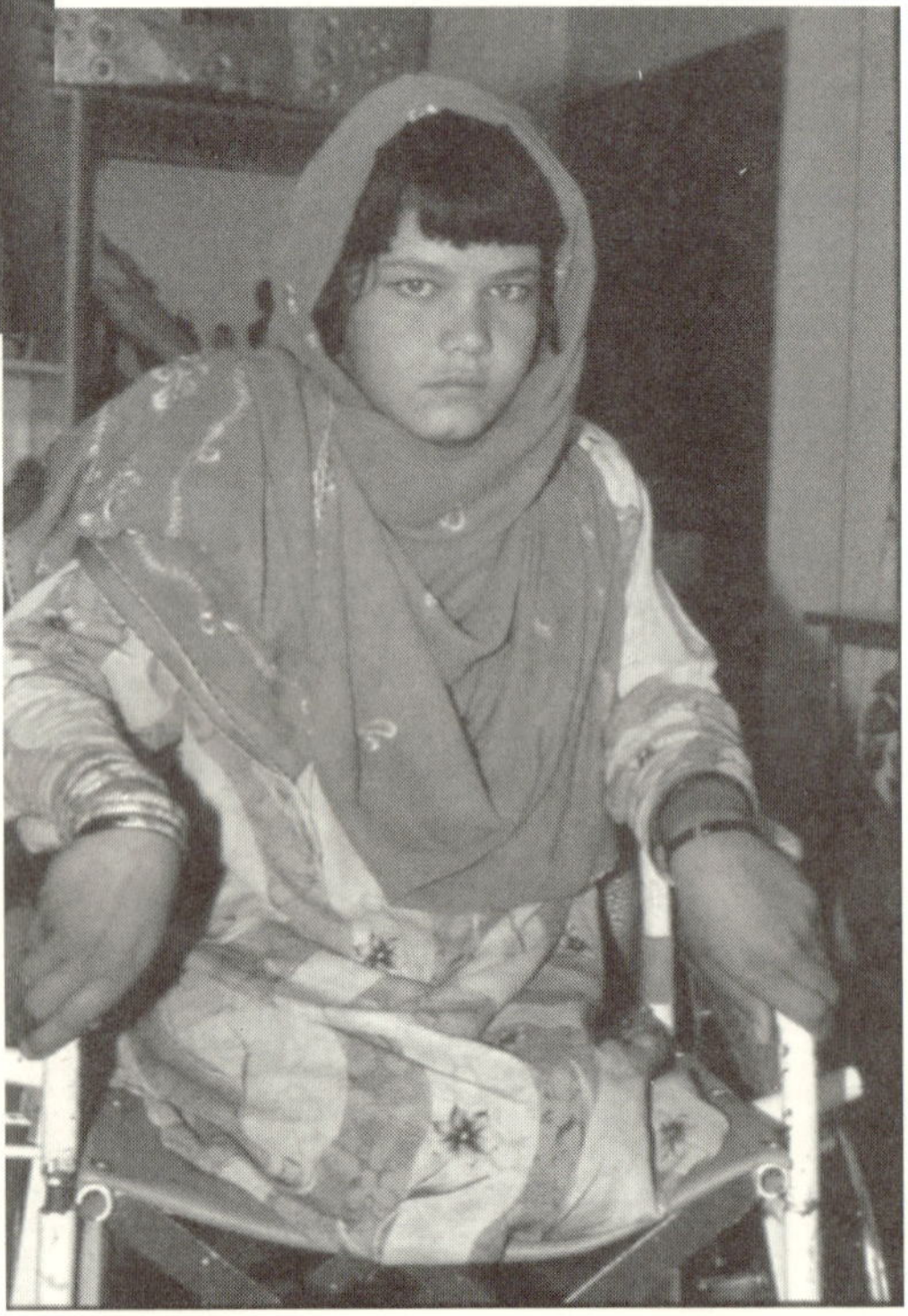

写真⑦

の掃討作戦ということである。他の地域でもこうした犠牲者がかなり出ているのではないかといわれている。また、顔と手の肌がたいへん荒れている子どもが少なくない。紫外線が強いということもあるのかもしれないが、恐怖と栄養失調で、見た目には怪我をしたりはしてなくても、心がすさんだ状態が肌に表われてしまっているのではないかと思う。

写真⑪の女性は、長い戦争のなかで精神的なダメージが強すぎて立ち上がることができなくなってしまった。

写真⑫のこの男性は、ソ連侵攻時代に地雷で足を失った。いなかから出てきたのだが、古くなった義足を新しいものに変えたいと言っていた。

写真⑩

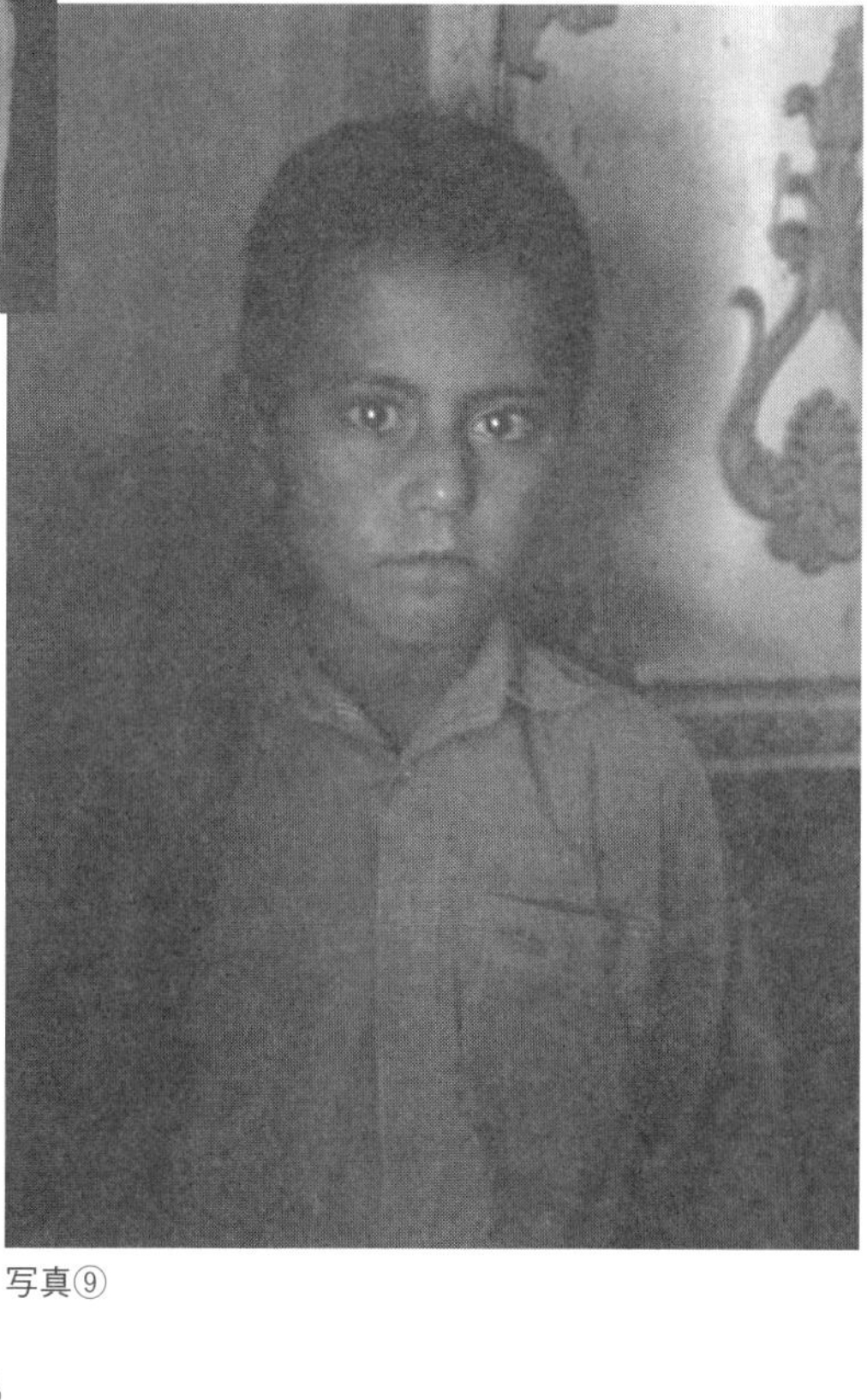
写真⑨

写真⑬はカメラだが、いかにも旧式のカメラである。写されている男の子は九歳、学校に行けない子どもの一人である。彼は学校へ行きたいと強く願っていたので、私はちょっと手伝いをして、彼が学校に行けるようにした。その彼が学校に提出する顔写真を撮っているところである。

写真⑭は前の写真の子と同じ子どもだが左端にいる。あとの二人は弟と妹である。が、目がキラキラと輝いて、表情は希望に満ちあふれている。頭が丸刈りになるということを知らなかったので、後日、彼を訪ねてびっくりした。彼にはいろいろなストーリーがあるのだが、ともかく今でも休まず学校に通っており、次に訪ねたときには英語の勉強を始めたよと言っていた。

写真⑫

写真⑪

写真⑭

写真⑮は教室の女の子である。女の子はタリバン時代は学校に行くことができなかった。そのために一年生というのは六歳から十何歳という子までいる。女子の制服は白いスカーフと黒い上下の礼服である。女性の教員もタリバン時代は失業していた。タリバン時代に女性が許された職業は、医師とナースとパンを焼く人、それから農民であった。

写真⑯は破壊されたカブール。訪れるたびに復興が進んでいる。カブールの破壊は、ほとんどが、ソ連軍が引いた後の内戦によるものである。

写真⑬

写真⑯

写真⑰はご存じのバーミャンの大仏殿があったところである。バーミャンの大仏殿は空港からちょっと行ったところにある。家族とともに大仏殿の横の方の洞穴に住んでいる。この少女は、とても四歳には見えない表情である。タリバン時代に家を失って、逃げ回って、その恐怖のなかで今でも夜中に怖い夢を見て泣き出すということであった。

アフガニスタンは干しぶどうの輸出では世界一だそうで、ここにある光景といえば、私が立っていた背後の奥の見えていない部分まで、もとは何十万本という葡萄の木があったという。それをタリバンがこの見渡すかぎりの畑を全部、一本一本伐採してしまった。手で一本一本を、気の遠くなるような労力をかけて残らず。

写真⑮

いったいなぜここまでするのか、恐怖なのか憎しみなのか、いったい何なのだろうと感じた。彼らの恐怖というのは上司に対する恐怖も含まれていただろう。そういう村の家々はほとんど、いや全部ともいえるほど破壊されている。

アフガニスタンにはもともと水と緑に恵まれた場所がたくさんあったそうである。ところが、長い戦争ですべて崩壊した。七九年に侵攻したソ連が、アフガニスタンの街にあった並木、そして街の近くの林、森、いたるところの木を伐採してしまった。理由は、ゲリラがその陰に隠れて攻撃してくるのを避けるためだという。

ソ連は、ベトナム戦争のときにあれだけアメリカを批判していたにもかかわらず、アフガニスタンでやっていたことは、枯葉剤のダイオキシンこそ散布しなかったものの、アフガニスタンの緑を大量に伐採してしまった。悲しいかな、その後、内戦になると、敵対関係になったもの同士が、また、この木の陰に隠れられないようにということでアフガニスタンの木をさらに伐採したということである。職業と

写真⑰

しては国民の約九〇％が農民だというのに、いまは非常に乾いた地域が多くなっている。また、アフガニスタンは非常に寒い。しかし、ガス、水道、電気とか、石油、石炭などが十分ではない。本当は石炭があるが、採掘は滞っている。インフラの設備があるのはカブールなどほんの一部だけで、そのために、ほとんどの人たちが日常は薪を使っていて、多くの木も枝もさらに伐採されてしまっている。アフガニスタンの状況はとても語りつくせるものではないが、みなさんに想像力をさらに膨らませ、関心をもってもらえれば、幸いである。

3 ポル・ポト時代の結末

ところで、もう一度ポル・ポト時代の状況にふれておきたい。ポル・ポトの大虐殺を結果的にやめさせることになったベトナムのカンボジア侵攻を、法的、道徳的にどう評価すべきか。あれは介入戦争かどうか、という問題である。ポル・ポトが大虐殺をしている最中は、前述のように私は現地へ行っていなかったが、その後の生々しいツメ跡を見た。ベトナム侵攻でポル・ポト政権が崩れて、ジャングルの中、タイの国境の方へ逃げ、そのために大虐殺の終焉ということになったということになるわけであるから、ベトナム軍が侵攻しなかったら大虐殺は続いていたという仮説も成り立ってしまうであろう。当時、七九年、八〇年頃はとくに「べ平連」も含めて、ベトナムの侵攻は許せないという意見が多くでた。そういう意見があることは十分承知しているが、現場を見た者としては複雑な思いで受けとめざるをえなかった。地面を掘り起こすと、そこに現われたのは白骨化した遺体の山である。あまりにもむごたらしい大虐殺の痕跡に、ただただ絶句するばかりであった。

当時は、ポル・ポトも大虐殺がどれくらいあったかということはわからなかった。それを知っている人は殺されてしまい、見ていたか知っている人はポル・ポト派側の人であるから、どこに大虐殺現場があったかということの全容は明らかにならなかった。

七五年にポル・ポト政権（当時はそう呼んでいなかったのだが）となった直後、ポル・ポト派（旧人民）の人を除いて、カンボジア全土のほとんどの人たちは強制移動させられた。その人たちは全人口の六〇％以上はいただろうといわれている。ポル・ポト派に組み込まれた旧人民に対して、彼らを新人民と呼んでいた。ポル・ポト政権が事実上崩壊したことで、自分の故郷に戻るために、その人たちが、また、新たな大移動を始めた。私が行ったのは八〇年の七月から九月であったので、そのときはもうすでに戻っていた人と、戻る途中にあった人と、両方の人たちがいた時代であった。人々がどこかに連れ出されたとはわかっていても大虐殺とまではわからない人が少なくなかったということは、人里から離れたところが虐殺現場になっていたからだと思う。その後、そこにもと住んでいた人たちが、破壊されて見る影もなくなった状態の自分の故郷に戻ってきた。やがてすごい悪臭がした。この悪臭はどこからくるのかわからない。ともかくすごい悪臭がして、地面にものすごい数のハエが群がっていたというのだ。噂で少しずつ漏れ伝わる大虐殺が、もしかしてここでもあったのかもしれないと、発掘してみた。すると、あちらこちらで白骨の山が見つかったという。それが私が国内に入れた段階にこの目で見た状況で、多くの人たちから聞いた話である。

当時まだ、発掘していないところもあって、そこは草むらにはなっていたが、地面が一五センチくらいへこんでいる。横から見ると、たとえば正方形、長方形、円形の形をしたままに地面が少し窪んだ状態になっている。それを見て、私は、ここは虐殺現場ではなかっただろうかと思い、村人たちに話して掘ってもらったことがあった。すると、そこから何体もの遺骨が現われたのだった。また、すでに発掘されて、何百、何千、何万という単位の白骨化された現場、そういうところが全国あちこちにあったという状態であった。

また、生き残った多くの人たちに話を聞いても、なぜ自分の兄弟姉妹が殺されて自分が生き残ったか理由がわからない、なぜ自分の夫、妻が殺されて自分が生き残ったかわからない、と言っている。たまたま生き残った人というのが大半でその内のポル・ポト派の人たちを除くほとんどの人が瀕死の重傷を負ったような感じであった。痩せこけて骨と皮だけになってしまい、そして目ばかりが異様に光っていて、その目は闇を見つめている。これは通常の戦争というものを通り越して、得体の知れない大恐怖が起こっていたのだと感じてしまう目をしていたのである。

そういう現実を見てしまうと、法的に正しいか正しくないかということを判断する以前に、どうしようもないくらいの強い衝撃を受けてしまった。法的に、ポル・ポトがいいのか、ベトナム軍がいいのかということはわからないが、ともかく大虐殺がおさまるきっかけは、たしかにベトナム軍とポル・ポト軍の国境戦になって、それからベトナム軍がどっとカンボジア国内に侵入したことにあったということは事実だと思う。この国境戦は、カンボジアのポル・ポト軍とベトナム軍、ポル・ポト軍とタイ軍というように両方の国境で戦われており、ベトナム軍が国内に侵入した。侵攻とか進攻という表現もあるかもしれないが、私は侵攻のほうではないかと思っている。いずれにしても、現実にカンボジアの人々にとっては、あのときのベトナム軍がいなければ大虐殺の時代はさらに続いていたということは確かなことではないだろうか。ともあれ、あの時のベトナム軍とはどういう存在だったのか、ということを、これからもっと明確に検証しなければならないことだろう。

終章　総合人間学に何を望むか

小林直樹

1 シリーズ「総合人間学」の趣旨と本巻の構成について

この「総合人間学シリーズ」は、このたび創設された総合人間学会の前身ともいえる総合人間学研究会での討議・報告のなかから、一般に提供して参考に供せられるようなものを選んで編集された。三年余りの研究会では、このほかにも有意義な報告も少なからずあったけれども、さしあたり一般的関心に近いものに限定して、本学会出発時に発刊し、私たちのめざすものへのおおかたの理解を得たいと考えたからである。研究会での限られた時間のなかでの報告が主な内容であるために、ところによってやや〝舌足らず〟の部分もあるだろうが、〝過去の成果〟として、これらを踏み台にしてこれからの跳躍に多少なりとも資することができれば、旧研究会の一同の大きな喜びとなろう。

この第一巻には、「総合人間学の試み」として、もっとも原理的な論稿を集めてみた。序章では、編者の立場から、本学会の課題となりそうな、総括的な問題について展望を試みた。これらについては、むろん種々の立場から異なった問題を立て、違う方法論で解明をしようとする方々もあろう。この序章は批判的に読んで、それぞれに各自の方法と課題を見出すよすがとしていただければ幸いである。各章の筆者も、同じ希望をもって自由に見解を述べておられると思う。

全体を三部に分けた。第一部では自然科学の見地から見た人間の捉え方を示す諸論稿から成っている。序章のほか宇宙・生物学・人類学の三つの異なった学問領域からの人間の理解は、読者にとって多くの示唆を与えてくれると思う。編者がいうのも変だが、この四章はいずれも力作で、読者が得るところは大きいであろう。

第二部は、哲学や宗教学から人間と心をどうとらえるかについて、異なった立場に立つ四氏からの論稿を得た。いうまでもなく、この分野での思想の対立や多様さは、見渡しがたいほどであって、数巻の本を以てしてもまとめきれるものではない。この四章は、人間観のそうした多様さを浮き彫りにして、人間とその心のとらえがたさを示してくれるであろう。人々がどの立場をとるにしても、それとは異質の見方があることを確認したうえで、これからの探究の出発点としていただければ、本章の意義は生かされることになろう。

第三部は、現代文明の諸状況のなかで、人間が自らの生き方をかけて当面している、現実的問題を取り上げてみた。情報・経済・戦争という、現代人の生活の重要局面を切り抜いて、今日の人類がどういう仕方で、自らのつくり出した社会問題とどう格闘しているかを見る試みである。生きている現場から人間学の問題を見出していこうとしている方は、この第三部から読み出すのもよいと思われる。

なお、本巻の執筆者のなかで、第6章を書かれた井上英治氏（上智大学名誉教授）は、この報告後まもなくお亡くなりなったため、報告時のレジュメに手を加えず、そのまま掲載されている。本会にとって、重要な貢献を期待された同氏の昇天は、大きな痛手であったが、ここに同氏の御冥福を祈るとともに、この論文の編入をご快諾下さった御夫人に厚くお礼を申し上げる。

② 学会の構成と本シリーズについて

本学会（およびその前身の研究会）について、一つ気になる点は、当初から熟・老年層が多いことである。いわゆる若手の研究者が少なく、大学の名誉教授クラスの人々が多いのが目立つのである。これには、それなりの理由がある。というのは、これまで総合人間学という専科がなく、――最近では諸大学で「人間学科」を設けるところが多くなったが――アカデミズムのなかで専任のポストがなかったため、この研究に踏みこむ人々の大部分は、従来の専門学科の仕事を終えてから、それぞれの関心に応じて人間学の勉強を始めたという事情がある。それに、近来続出した「人間学科」の多くは、臨床心理や体育学等に特化し、理念としては同じ〝総合研究〟を謳う「学科」はあっても、本学会のめざすような本格の人間学研究を実施している例は、ごく少ないようである。このような事情は、当面この学会の出発時においては、良くいえば熟達した学者たちの、悪くいえば、〝年寄りの物好き〟の集まりといった、妙なかたちになっている。学会の将来性を考えると、これは好ましいかたちではない。もっと若い気鋭の研究者が育ち、集まらないと、新しい発想や方法に基づく研究は伸びないだろうからである。

専門分化が進む今日の学界状況のもとでは、この事態をすぐに解決するめどは立たないようにみえる。若手の研究者たちは、それぞれの専門分野で一定のステイタスを得るのには、何よりも特化された先端の部分で業績をあげなければならないから、総合人間学のような大局観を要する〝上部構造〟の仕事に没入する余裕はないであろう。この専門分化の傾向が続くかぎり、若い世代の多数の参入を期待することは、かなり難しいように思われる。しかし私は、総合性の要求が高まりつつある今日、若い研究者たちのなかにも、その必要を痛感して「総合」の眼をもって勉学する者がしだいに多くなってくると期待している。そういう層の中から、この学会に入り、ここでの課題と正面から取り組む有能な研究者たちが、私のような老学徒に代わって、あまり類例のない本学会を担い、世界に向けて日本の人間学の成果を示していくようになることを希望している。とくに「人間学科」を設けている諸大学には、そのような総合路線をつよめていくように望みたい。

3 「総合」人間学の意義について

ところで、「総合」という語には、学会前身の研究会でもかなりの議論があった。「それはあまりにも漠然とした概念で、何を意味しているかわからない」「なんとなくエラそうに聞こえて便宜なものだから、よく使われすぎて手アカがついた感じがする」「総合研究は、研究者の自由な発想を妨げるおそれがある（この指摘の意味は不明だが、そういう声があった）」などの批判である。使われすぎて〝新鮮さに欠ける〟という感想はわかるけれども、個別科学のタコツボ的な特化現象に対して、人間の全体像を得るために「総合」的研究を推し進める必要性に同感するならば、この言葉に反撥する理由はないと思う。

この学問の意義と方法については、本書序章で一通り述べておいたが、若干の補足をしておきたい。第一に総合人間学は、人間に関するすべての知見を寄せ集めて人間のエンサイクロペディア（百科全書）をつくることではない。知識の集積は必要だが、それだけで人間学になるわけではない。人間というものの本質、その存在意味などに関する根本的な解答は、そうした個別の知識の寄せ集めからは出てこない。他方で古来、すぐれた哲学者や宗教家は、それぞれに〝解答〟を与えてくれているけれども、それらも互いに衝突したり相争ったりしてきたうえに、現代の科学的知見や認識に耐えうるものであるかどうか、検討を要する問題がたくさんある。総合人間学は、これらの哲学や科学の成果をふまえて、人間の全体像を得たいという、いささか大それた希望から出発している。「そんな希望は達成できるものか？」「またどうやって、そのような大がかりな仕事が進められるか」という反論も出てくるだろう。それには、私的には次のように答えておきたい。

人間の完全な全体像を得て、前述したような根本問題に十全な解答をなしうるか、と問われれば、〝それは不可能だ〟というしかない。そもそも完全な答えが少々の勉強や討論で得られるほど、人間も世界も単純なものではない。人類がこの先何十万年生きつづけても、完全な答えなど得られないと思う。人間知はどこまでいっても不完全であり、世界(宇宙)についても自己自身についても、永遠に知りえない部分が残るだろう。つまりは、前述の根本問題は、われわれ人間にとって永遠の課題だということである。

それでは、「どこまで追求しても不可解なものを、なぜ求めるのか、そんな探究は無意味ではないか」「そのために学会などをつくって議論するよりも、日々の生活を快適にする実用知の方が大事ではないか?」という反問が重ねて出てくるだろう。それに対する答えは、「決してそうではない」といわねばならない。もしそこで、「永遠の課題」を放棄して、目前の快楽の追求だけをめざすならば、せっかく「人間」として生を享けながら、他の動・植物などと変わらない低次の〝人生〟になってしまうだろう。人間らしい生き方は、この「永遠の課題」に取り組んで、一歩でも深く人生を探り、人間としての自己省察を行うことによって、はじめて達せられることである。個人の生き方だけでなく、人類の生き方はいっそう、そのような探究によって方向づけられなければならないし、その努力を欠いてやみくもに民族や国家等の利益追求に走っていれば、人類自身も方向を誤り、自らが発達させた科学・技術によって、闘争や破壊のなかで亡びていくということになりかねない。個人にとっても人類にとっても、自己と世界のトータルな認識の努力は不可欠だといわねばならない。それに、究極的には不可解なものが残るといっても、人間学を進めることによって、より深い自己認識を確実に進め、より広い世界知を得ることによって、個人の生活をも人類の文明をもより高次なものに引き上げることができよう。この意味での総合人間学は、人生にも文明にも欠くことのできない知的作業だといわねばならない。

4 総合人間学および学会へのイントロダクション

総合人間学とは何かという問いには、三年余りにわたる私たちの研究会で、ときおり繰り返し論議されてきた問題である。あらゆる分野で専門分化が進むなかで、誰もが「総合的」考察の必要を認めながら、さてその方法や議論の進め方となると、それぞれ思惑は違って、一致した結論は出てこない。しかし私は、「人間とは何か」を断片的ではなく、全体像を得たいという積極的な志向があれば、出発点としては十分だと思う。反対に、「そんなしちめんどうな問題はまっぴらだ。人生の目的は？　そりゃ快楽を追い求めることしかないよ」とうそぶくような人には、人間学などは恐らく無用である。「人間は何のために、どう生きるべきか」という人間存在への問いが、人間学の基本条件である。こうした根本的な問いをいだき、勉学の意欲をもつ人は誰でも、学歴や職業・性別・年齢を問わず、人間学を学ぶ資格と権利があるといえよう。総合人間学会は、専門の研究者だけでなく、そうした真摯なアマチュアの人々の入会を大いに歓迎するだろう。そもそも「総合人間学」には、これまで本格の専門家はいなかったし、またいわゆる〝アマチュア〟の方々から存外、本質的な問題の提起がなされるものである。関心ある一般の人々もためらわれず、本学会の門を叩いていただきたい。

ただ、本学会も研究水準を維持・向上させていくために、しばしば非専門家にはわかりにくい高度の研究報告をすることもある。専門的な研究家たちと、アマチュアの人々の間に生ずるギャップについては、学会として適当な方策（たとえば、ときには専門性の濃淡に応じて、二つの部会を設けたり、「年報」にも難易の違いのある論稿を一緒に採り入れたりするなど）を講ずるはずである。なお、そうした方策について、一般の会員からも積極的な提言を、運営委員会もしくは理事会に出していただくよう、お願い申し上げる。

5 「総合」的方法と学会について

「総合人間学」が単なる知見の寄せ集め以上の作業だとすると、それはどういう方法や手続きによるだろうか。人間学は、人間という生物に関する医学、生物学、人類学、歴史学、心理学、社会学、倫理学、法学、政治学等々の知見を必要とするけれども、前述したとおり、それらの知見を寄せ集めただけでは成り立たない。人間のエンサイクロペディアをつくることは、有意義ではあっても、それがそのまま人間学になるわけではない。総合人間学は、序章にも述べたように、人間がどこから来て、どこへ行くのか、といった含蓄の深い問題をはじめとして、自らの存在意義や為すべき仕事を考え、為してはならない所業をしている事態を反省し、人類が発達させてきた文明のありようや他の生物との共存の仕方などまで、包括的に研究するきわめて広汎な課題を自らに課する、ホリスティックな学問である。あえてそのような大がかりな課題を引き受けるとすれば、それは人間自体を超えて、時空の全体にわたる万象に視線を投じ、それらに関する万学から学ばなければならない。これは一人びとりの人間では、とうていできそうもない難事である。アリストテレスとか、ベーコン、デカルト、ヘーゲルなどのような知の巨人たちでも、現代の分化した諸科学の全体を見わたす力量はもちえないだろう。そこで、学会という場をつくり、諸学の知見を集め、それらのすべてを「人間とは何か」という共通の中心課題に集中し、全体的作業を共同で行うことにする。こういう作業自体が、総合人間学の一つの方法になるといえよう。長い時間をかけて、こういう共同作業を続け、その所産を個別科学や日常の場に還元し、そこからさらに問題を深める意見や批判を受けとる、というフィードバックの過程を重ねれば、総合人間学会は大きな国民的成果をあげていくことができよう。

この学会は、外界の社会との間にかぎらず、その内部においても、さまざまな分野や学派等から異なった仮説や知見を取り込み、それらを上述の共同目的に沿って自由な議論をたたかわせることで、同じように参加者すべての間に多様なフィードバックの網目《あみめ》をつくるものでありたい。すなわち、開かれた自由な討論が、この学会の方法でなければならない。そこで生ずる意見の対立は、政治社会などでの抗争とはまったく違う、学的共同作業のプロセスとして、参加者相互間で明るい楽しさをかもし出すものでありたい。前に述べた〝アマチュアの意見〟も、この共同作業のなかで大切にされるだろうし、誠実に考えられた意見ならば、一見とっぴもない仮説も歓迎されるべきである。ただし、この過程が学問的である以上、特定の政治的、宗教的イデオロギーの教宣の場にしてはならない。考察の対象としては、どんなイデオロギーや思想も論議にのせられるだろうし、それらのすべてに対し学問的な寛容の精神をもつことが大切だと思う。自家の信念やイデオロギーを他者に強要・宣伝するような行為は、学会にはもっともふさわしくないであろう。主張の自由とそれらに対する寛容の精神を守っていくことによって、この学会を豊かな学問の場に育てていくことが、学会の目的であり「方法」でもある、と私は信じる。

さて、総合人間学の具体的な課題を、どのように整理し、どんな順序で学会に提上していくか。これは、会内外から提出される数多くの問題を勘案しながら、これからの学会メンバーが決定していくべき仕事である。これは学会員の時々の意見に基づくべきだから、ここで私見を述べることはさし控える。ただ、学会の長いありようを考えると、毎年の討論や会員の仕事を世間に発表しながら、われわれの人間像の形式に関する発信を重ねていくためには、ある程度の中・長期の研究プログラムを立てていく必要があると考える。そのために、春秋何れかに行われる大会で、ある場合には哲学・宗教あるいは人文科学的な問題を取り上げるならば、他の場合には生物学や宇宙論等の自然科学的な問題にする、といった配分のバランスを考慮する点については、大方の賛意が得られよう。また、やや長期的には、学会「年報」を集めれば、一つの「講座」にもなりうるような見取図を描いてみることも無意味ではないだろう。ついでながら、学会年報は、老大家たちの長年の研究に基づく人間学の所見をのせていくことと並んで、若い研究者たちのチャレンジングな仕事の発表の場にもしたいものである。老若男女を問わず、多彩な論説をそこに見出せるまでに、学会が軌道に乗る日を、その発会にたずさわった一人として心待ちしてやまない。――重ねて諸兄姉の積極的な参加をお願い申し上げる次第である。

あとがき――「総合人間学」の出発

「人間とは何か」、「人間とは、いったい動物あるいは神とはどう違い、何をなすべき存在であるのか、またなしうるのか」といった人間学的な問いは、人類永遠の問いとして、古今東西にわたり、多くの人々によって問われ、考え続けられてきたものであることは、いまさらいうまでもない。

しかし、二十一世紀に入った今日、人類が自ら招きよせ、つくり出したグローバルな規模にわたる危機的状況を前にして、こうした根本的な問いが、私たちにとってこれほど切実な、身に迫る問いとなったことは、これまでなかったことではあるまいか。とりわけ日本の場合、二十一世紀に入って大きなターニング・ポイントにさしかかっており、最近の「教育基本法」見直しの動きなどもその一つの典型例ではないかと思われる。

先に開催した「総合人間学会設立記念集会」（明治大学・二〇〇六年五月二十七日）のシンポジウムに多数の、専門領域もさまざまに異なる方々がお集まりくださったということ自体が、それぞれの学問分野や、あるいは実践の現場において、「人間らしい生き方とは何なのか」、「人間、どう生きるべきか」を、今こそ根本的に、さまざまの角度から総合的に問い直していくことの必要性を示しているのではないかと思う。

ここで教育学を一つの例として取り上げて考えてみると、教育学の基本的課題は、子どもに何をどう教え学ばせ、子どもにどんな学力をつけ、どんな人間に育てるかという、人間にとって根本的な問いに実践的に立ち向かうことである。

このような教育学にとって、人間を深く、いろいろな角度から多面的に理解する必要があることはいうまでもないことで、人間学は教育学にとって必須の教養であり、基礎的な学問である。言いかえると、教育学は、まさに実践的人間学であり、人間学の実践的応用部門の一つであるといってもよいであろう。

当然、このような考えは、これまでにも多くの人によって語られており、「教育的人間学」、あるいは「教育学的人間学」と呼ばれて研究されてきている。ロシアの教育学者ウシンスキーは、『教育的人間学』(一八六八〜六九年)と銘打った世界でも最初の書物と思われるその著書のなかで、教育者は「人間を、現実の人間がいかなるものかを——人間のすべての弱点、人間のすべての偉大さ、その日常のあらゆる小さな要求から、すべての大きな精神的要求にいたるまで——知るように努めなければならない。……あらゆる年齢、あらゆる階級、あらゆる地位の人間、喜びや悲しみのなかにある人間、偉大な才能の人間、打ちひしがれた人間、力の有り余る人間、病気の人間、無限の希望に満ちた人間、死の床にあり、人間的なぐさめの言葉もすでに用をなさないような人間を知らねばならない」と言い、「教師は、狭い意味の教育学を学ぶ前に、このような多数の広範にわたる人間科学、すなわち教育的人間学を研究しなくてはいけない職業人なのだ」と述べている。

さて、生物学の小原秀雄、教育学の柴田義松、原始技術史の研究者岩城正夫、ガス関係の会社の社長で人間学に深い関心をもつ佐竹幸一らは、小さな組織であったが、かねてより人間学の研究会をつくり、定期的な研究会を開いたり、ときにはシンポジウムを開いたりして、約三〇年ほどこの研究会を続けてきた。

その間、名称を「人間学研究所」に改め、共同研究の成果はすでに何冊かの書物として世に問うており、最近も『道具と人間』という、人間のつくり出した道具の歴史が、人間をいかに変え、人間の住み処である地球の自然そのものまでをもいかに変えてきたかを解説する教師と子ども向け全三巻の書物を出版した。(明治図書、二〇〇四年)。

憲法学の小林直樹は、その専門的研究の延長のなかで、人間とその学に強い関心を向け、独自の研究を続け、

『法の人間学的考察』（岩波書店、二〇〇五年）などの大著としてその成果を公表してきているが、数年まえ「人間学研究所」のメンバーと知り合って、たがいに同じ道を歩んでいることに気づいた。そこで、多くの同学の士を募って、二〇〇二年十一月「総合人間学研究会」を結成し、以後三年半、次頁以下の資料に示すような研究会を中心に総合人間学の研究と普及につとめてきた。本シリーズは、その成果の一部をまとめたものである。

末尾になるが、本シリーズをとりまとめるにあたって、書籍編纂の専門的立場からさまざまなご教示とご協力をいただいた後藤耀一郎氏に感謝申し上げる。また、私どものささやかな研究成果をこのようなかたちで刊行し、公表の機会を与えてくださった三原多津夫氏はじめ学文社の皆様に御礼申し上げる。

〔柴田　義松〕

資　料　総合人間学研究会研究活動のあと

第一回研究会（第一回シンポジウム）
「人間を考える」
二〇〇二年十一月三十日（土）　東京　明治大学リバティタワー
基調報告
柴田　義松　総合人間学へのいざない
小林　直樹　総合人間学に向けて
小原　秀雄　自然「学」的見地から
パネラー
半谷　高久　地球科学的見地から
長野　　敬　生命科学的分野から
堀尾　輝久　教育学的分野から
足立　巳幸　生活学的分野から
井上　英治　哲学的人間学から

第二回研究会（第一回研究例会）
「人間の心をさぐる」その1
自由討論
二〇〇三年一月二十六日　東京・新宿　人間学研究所

第三回研究会（第二回研究例会）
「人間の心をさぐる」その2
二〇〇三年三月二十二日　東京・新宿　人間学研究所
問題提起　小林　直樹

第四回研究会（第二回（二〇〇三初夏の）シンポジウム）
「人間の心をさぐる」その3
二〇〇三年五月二十四日　東京　文京区シビックセンター
コーディネーター　小林　直樹
大田　　堯　人間の心
長野　　敬　動物の心
坂本　百大　機械の心
西郷　竹彦　人間の心をめぐって（関連発言）
岩田　好宏　動物の心をめぐって（関連発言）

第五回研究会（第三回研究例会）
「人間の心をさぐる」その4
二〇〇三年七月二十六日（土）　東京・新宿　人間学研究所

武田　一博　哲学から人間の心をさぐる
加藤　　敏　心と創造性

第六回研究会（第四回研究例会）
「人間の心をさぐる」その5
二〇〇三年九月二十一日（土）　京都　京大会館
江原　昭善　人類学の立場から
西郷　竹彦　文芸学の立場から
小川　一乗　仏教学の立場から

第七回例会（第三回（二〇〇三秋の）シンポジウム）
「人間の心をさぐる」　その6　現代のこころ？その光と影
二〇〇三年十一月二十九日（土）　東京　明治大学
問題提起　小林　直樹
林　雄二郎　情報学から
尾関　周二　哲学から
暉峻　淑子　生活経済学から生命をみる

第八回研究会（第五回研究例会）
「生命から人間を考える」その1　現代の生命理解
二〇〇四年一月二十四日　東京・神保町　教育出版
問題提起　小原　秀雄
講演1　長野　敬　物質システムから生命をみる
講演2　浦本　昌紀　生物世界の多様性から生命をみる

第九回研究会（第六回研究例会）
「生命から人間を考える」その2　性とジェンダー
二〇〇四年三月二十七日（土）　東京・市ヶ谷　実教出版
問題提起　小原　秀雄
講演1　岩田　好宏　男女性の生物的原形としての雌雄性
講演2　橋本　紀子　ジェンダーについて

第一〇回研究会(第四回(二〇〇四初夏の)シンポジウム)
「生命から人間を考える」その3　競争の人間学
二〇〇四年五月二日（日）　東京　専修大学
序論　小林　直樹
講演1　柴田　義松　教育における競争
講演2　道正　洋三　企業活動における競争
講演3　木村　光伸　動物における競争

第一一回研究会（第七回研究例会）
「生命から人間を考える」その4　生物進化の適応放散が示す極大と極小の生物界
二〇〇四年七月二十四日（土）　東京・市ヶ谷　実教出版
問題提起　小原　秀雄

講演１　小畠　郁生　中生代の生物世界―恐竜とアンモナイト―最大型の生物世界
講演２　涌井　　明　微小生物の世界

第一二回研究会（第八回研究例会）
「生命から人間を考える」その５　共生と寛容の人間学
二〇〇四年九月二十六日（日）　京都　龍谷大学大宮キャンパス
講演１　加納　隆至　生物学から
講演２　西郷　竹彦　文芸学から
講演３　上山　大峻　宗教学から

第一三回研究会（第五回（二〇〇四秋の）シンポジウム）
「生命から人間を考える」その６　戦争の人間学
二〇〇四年十一月二十七日（土）　東京　明治大学
問題提起　小原　秀雄
講演　大石　芳野
　　　高橋　哲哉
　　　小林　直樹
コメンテーター　篠原　作太
　　　　　　　　吉川　勇一

第一四回研究会（第九回研究例会）
「総合人間学の課題を考える」フリーディスカッション
二〇〇五年一月二十二日（土）　東京・市ヶ谷　実教出版

第一五回研究会（第一〇回研究例会）
「自然言語と自然科学の関係およびチョムスキーの反戦運動と言語学理論の関係」
二〇〇五年三月二十六日（土）　東京・市ヶ谷　実教出版
講演　鎮目　恭夫

第一六回研究会（第六回（二〇〇五初夏の）シンポジウム）
「異常と正常の人間学」
二〇〇五年五月二十八日（土）　東京　専修大学
講演　木村　　敏

第一七回研究会（第一一回研究例会）
「つくられる命――生殖医療現場の取材で考えたこと」
二〇〇五年七月二十三日（土）　東京・市ヶ谷　実教出版
講演　坂井　律子

第一八回研究会（第一二回研究会　関西集会）
「市場・消費と人間」
二〇〇五年九月二十四日（土）　京都　龍谷大学大宮

キャンパス
室田　武　市場と人間
原　　強　消費と人間

第一九回研究会（第七回シンポジウム）
「二十一世紀、総合人間学は何をめざすか――人間の危機、人類の危機に際し、三年の研究を経て、私たちの『知』の課題を提出する」
二〇〇五年十一月二十六日（土）　東京　専修大学
1　小原　秀雄　現代環境の危機と人間
2　柴田　義松　子どもと教育の危機と人間学
3　長野　　敏　バイオ・エシックスの問題
4　尾関　周二　人間性の基礎としての〈自然さ〉
5　小林　直樹　総合人間学の課題

第二〇回研究会（第一三回研究例会）
「中近東における民族問題」
二〇〇六年三月二十五日（土）　東京・市ヶ谷　実教出版
講演　森戸　幸次

総合人間学会設立記念集会
二〇〇六年五月二七日（土）東京　明治大学
テーマ「人間はどこへ行くのか」
問題提起　　小林直樹（法学）
1　記念講演
テーマ「知の頽廃と両生」
講師1　小柴昌俊（東京大学名誉教授）
講師2　加藤周一（評論家）
総合人間学に向けて　小原秀雄
2　シンポジウム
「総合人間学は何を目指すか」
司会　佐藤節子（法哲学）
長野　敬（生物学）
尾関周二（哲学）
西郷竹彦（文芸学）
小尾信彌（天文学）
3　設立総会
閉会の挨拶　　柴田義松

シリーズ総合人間学 編者

小 林　直 樹（第１巻責任編集）
小 原　秀 雄（第２巻責任編集）
柴 田　義 松（第３巻責任編集）

シリーズ総合人間学１
総合人間学の試み
――新しい人間学に向けて

2006年11月１日　第１版第１刷発行

小林　直樹 編

発行者　田中　千津子　〒153-0064　東京都目黒区下目黒 3-6-1
電話　03（3715）1501（代）
FAX　03（3715）2012
発行所　株式会社　学 文 社　http://www.gakubunsha.com

印刷所　新灯印刷
製本所　橋本喜太郎製本所
乱丁・落丁の場合は本社でお取替えします。
定価は売上カード，カバーに表示。

ISBN4-7620-1606-3

小林 直樹
小原 秀雄 編
柴田 義松

シリーズ総合人間学（全3巻）

各巻 A5判、約二四〇頁、定価二一〇〇円（税込）

人間はどこから来て、どこへ行くのか、人間とは何か――本シリーズは、二〇〇六年五月に創設された総合人間学会の前身ともいえる総合人間学研究会での討議・報告のなかから、一般に提供して参考に供せられるものを精選して編集されました。

専門分化がすすむ今日の学界状況であるからこそ、総合人間学のような大局観を要する〝上部構造〟の重要性が高まってきています。自然科学、社会科学、人文科学の各領域を横断する、知見に裏打ちされた総合人間学を構築するときがきたといえます。本シリーズでは、各学問領域で活躍する権威三十余名がその蘊蓄を傾け、人間学研究への挑戦を試みています。

第1巻 総合人間学の試み――新しい人間学に向けて

小林直樹 編

第2巻 生命・生活から人間を考える

小原秀雄 編

第3巻　現代の教育危機と総合人間学　柴田義松 編